金山元春
KANAYAMA MOTOHARU

道友社

はじめに——心理学を学べば人生が豊かになる

私はこれまでカウンセラーとして、人の相談に応じてきました。現在は大学で心理学を教えています。

「心理学者なのだから、自分の人生は、さぞうまくいっているのだろう」と思われるかもしれませんが、そんなことはありません。心理学の研究成果は一般論です。心理学を学んだからといって、「こんなときは、こうすればよい」といった〝正解〟が、すぐに得られるわけではないのです。自分自身の生き方に関しては、試行錯誤を繰り返しながら、少しずつ学んでいくしかないと思っています。

ただ、一般論とはいえ、多くの人に共通する心の仕組みや働き、またその発達の道筋について知ることは、人生に一つの指針を与えてくれます。私の実感としても、カウンセリングや研究活動といった仕事に直結することに限らず、普段の生活の中で「心理学を学んでいてよかった」と思うことは少なくありません。ものの見方や考え方が柔軟になりますし、人付き合いや子育てに役立つヒントも得られます。心理学は万能ではありませんが、「心理学を学べば、人生が豊かになる」とは言えます。

そこで本書では、心理学の研究知見と共に、私がこれまでの人生を通じて学んできたことについてお伝えします。

心理学やカウンセリングという分野に馴染(なじ)みがない方にも読んでいただけるように、本書では「序章」を設け、本書の読み方について記しました。本書を読み進める前に知っておいていただきたいことをまとめていますので、まずはここを読んでください。これ以降は、ご自身の関心に応じて、どの章へ進んでいただいても構いません。

第一章では人の相談に応じる際の心構えについて、第二章では子育てについて、第三章では心の発達に応じた各世代との関わり方について、第四章では少年会、学生会、教会などにおける集団の育て方について、第五章では日々の暮らしについて論じています。

本書が皆さまの人生を豊かにする一助となれば幸いです。

目次

第一章 〝おたすけ〟に活かすカウンセリングの知恵 ―― 29

第二章　心がけたい子供との関わり方

第三章　心の発達の道筋を知る

イラストレーション＝うえ　かな

序章

本書を読み進める前に

人の心の奥深さを知る

私は心理学者です。私の職業を知った人からは、「心理学の先生だったら、人の心が分かるのですか?」と尋ねられたり、「私が何を考えているのか、当ててみてください」と言われたりすることがあります。また昨今、大学では心理学専攻の人気が高く、毎年、多くの受験生が集まります。

人の心というものは形がなく、見えないものです。それだけに不思議で、多くの人が興味や関心を持つのでしょう。また、人間関係は複雑ですから、誰もが「あの人の本心が知りたい」「本音ではどう思っているのだろう?」と、心のどこかで不安を抱えているものです。世の人々は、心理学がそうした思いに答えてくれると期待しているようです。

しかし、心理学者でも、人が何を考えているのかを当てることはできません。

なぜなら、人の心はとても奥深いものだからです。

天理教の三原典の一つである「みかぐらうた」に、

ひとのこゝろといふものハ
ちよとにわからんものなるぞ
（十下り目　一ッ）

とあります。

「あの人は、ああいう人だから」と分かったつもりになったり、「あの人はこう思っているに違いない」と決めつけたりしがちな私たちに、親神様（おやがみさま）は、人の心というものは、そんなに易々（やすやす）と分かるものではない、と教えてくださっているように思います。

また、このお歌は、相手に対して「どうして分かってくれないの？」と不満を抱きやすい私たちに、人の心は複雑なので、簡単に分かってもらえるものではないから、相手に求める前に、こちらの思いが届くように、まずは自らを顧みることを教えられているようにも受け取れます。

人は、自分の心づかいにはなかなか気づけないものです。最も分からないのは、自分の心かもしれません。このお歌は、そのことも教えてくださっているように思います。

これは心理学を学ぶ際にも大切な姿勢です。心理学は、他人の心を読んだり、相手を思い通りに動かしたりするための道具ではありません。むしろ、心理学を学び、人の相談に応じるための専門的訓練を受けた者は、安易に人を決めつけることなく、相手の理解に努め、自分ができることに力を注ぎます。その訓練の過程では、自分の癖（くせ）や性分（しょうぶん）に気づき、自らを変えていくことが求められます。

これは簡単なことではありませんが、心理学をはじめとする学問や、先人たちの知見に学びながら、少しずつ歩みを進めていきます。本書でお伝えする心理学の知識や人と関わる知恵も、そうした姿勢で読み取っていただけたら幸いです。

自分から変わる

人は自分なりの「ものの見方」（考え方、価値観、信念など）を通して、この世界を見ており、それがその人の行いに反映されます。そして、ある人の行いは別のある人に影響を与え、それが連鎖していくと、そこに特有の状況が生まれます。つまり、人と人との間で生じることは、そこに関わる人々の影響の及ぼし合いの結果なのです。これを〝相互作用〟といいます。

たとえば、次のような事例を想像してください。

中学一年生のショウゴ君は〝登校渋り〟が続いています。母親がなんとか自宅から連れ出し、校門で待つ担任教師のもとへ連れていけば、教師と一緒に教室へ入ることはできるのですが、翌日には学校へ行くのを嫌(いや)がります。

この事例の教師が、母親のことを「毎日学校に付いてくるなんて本当に過保護な母親だ。そうやって甘やかして育てるから、ショウゴはあんなわがままになったんだ」と見れば、母親との関わり方は、それを反映したものになります。まさか「あなたのせいでショウゴ君は登校を渋るような、わがままな子になったんですよ！」などと、はっきりした物言いはしないでしょうが、「お母さんが、あれやこれやとするので、ショウゴ君も甘えが出てしまうのではないでしょうか。もう中学生ですし、世話焼きも、ほどほどにされてはいかがでしょう」くらいは言うかもしれません。

教師としては、母親が自らの言い分に従うのを望んでいるのでしょうが、それはまず期待できません。実際には「私が悪いって言うんですか！　ショウゴは学校へ行きたくないって言っているんですよ！　悪いのは学校でしょう！」などと反論されるのがオチです。そう言われれば、教師も「心外だなあ！」と言い返したくなります。母親に対する「ダメな保護者」という見方を一層強くし、職員室などで同僚に、「近ごろの保護者は、自分の責任を棚に上げて学校批判をするんだから、全くどうしようもない！」と息巻くかもしれません。

ここには悪循環が生じています。この状況を変えたいのであれば、相互作用の中にある誰かが変わればよいのです。それでは、誰から変わればよいのでしょうか。

「これは教師が悪い。まずは教師が態度を改めるべきだ」「いやいや、母親が間違っている。母親から変わるべきだ」「そもそもショウゴのせいだから、あの子をなんとかしなくちゃ」など、さまざまな意見があるでしょう。しかし、いずれの意見も、まずは誰が悪いのかを明らかにし、その人を変えようとしている点では同じです。

私たちは問題に直面すると、悪い部分を突きとめて修理・治療することで、その問題を解消しようとします。これを心理学では「問題志向」といいます。問題志向は、機械の故障を直したり、身体の病気を治したりするのには役に立つので、私たちはあらゆることを問題志向で捉える癖があります。しかし、人と人との間で生じる事情に関しては、ときに問題志向は〝悪者探し〟につながり、かえって状況を悪化させることがあります。

こうした状況に気づいたときには、関わる人々のことをどう見るのかという自らの見方を顧みて、それに伴う自らの行いを変えていくことが大切です。「どう考えてもあの人が悪いのに、どうして私が変わらないといけないの？」と言いたいときもあるでしょうが、誰が悪いのかをはっきりさせて、その人に変化を求めるような関わり方は、逆効果になることがほとんどです。結局は、自分から変わることが好ましい変化をつくるための近道なのです。本書では、そのための「ものの見方・考え方」についてもご紹介します。

節から芽が出る

本書の読者には、心理学やカウンセリングを「悩み事を抱えた人の〝おたすけ〟に活かしたい」と望んでいる人が少なくないと思います。

心理学には、「人生における悩み事は、私たちを人として成長させてくれる〝課題〟である」という考え方があります。人としての発達を促す課題という意味から、心理学の専門用語では〝発達課題〟といいます。こうした理解は、「悩み苦しんでいる人のたすけになりたい」と願うときに心得ておきたいことです。

これは何も、「その苦しみはあなたが成長するために必要なものなのだから、頑張りなさい！」と教えてあげましょう、という意味ではありません。そのように言われても、苦しみの渦中にある人は、なかなかそうは思えないものです。
私は、「この苦しみにも意味がある」という受けとめ方は、相手にぶつけるものではなく、その人のたすけになりたいと願う、自分自身の心に治めるものだと思うのです。人の相談に乗っていると、この先どうしていけばよいのかと不安になったり、先が見えずに希望を失いかけたりするときがあります。それでも希望を失わずに、その人を支え続けるためには、自分自身が何かに支えられている必要があります。何がその支えになるのかは人それぞれでしょうが、私にとって、それは信仰です。
天理教の三原典の一つである「おさしづ」に、
さあ〳〵ふし〳〵、ふし無くばならん。ふしから芽が出る。

もうあかんかいなあ〳〵というは、ふしという。精神定めて、しっかり踏ん張りてくれ。踏ん張りて働くは天の理である、
（明治22年5月12日）
（明治37年8月23日）

とあります。

人生には、「もうダメだ」と言いたくなるような悩みや苦しみが生じることがありますが、神様のお言葉からは、「そうした悩みや苦しみも、竹の節から芽が出るように、その人の成長にとって欠かせないものだ」と受けとめることができるのではないでしょうか。誰かをたすけたいと願うときには、「この悩みや苦しみも、この人にとって意味のあることだ」と信じ、「この節からきっと芽を出すことができる」と希望を持つこと。そうした思いで支え続けることができるかどうかが、私たちに問われていると思うのです。

しかしながら、この境地に至るのは簡単なことではありません。自分だけの力では限界があります。そこで、先人の知恵に学びましょう。先人たちも、私たちと同じように悪戦苦闘しながら、後に続く私たちのために、たくさんの知恵を残してくれました。そうした先人の知恵が積み上げられているのが、学問と呼ばれる世界です。

その中でも、私が専門とする心理学の世界には、人の心に関する確かな知見と、発達課題への取り組みを援助するための関わり方の知恵や工夫が、豊かに蓄積されています。本書では、そのうちのいくつかをご紹介します。

まずは「うん、うん」と相槌を打つ

こんな話があります。

ある女性が人生に行き詰まっていたとき、天理教の信仰者に声をかけられ、初めて教会を訪れました。そこで会長さんは、女性が話し終わるまで、ずっと耳を傾けたそうです。

それまでは誰かに相談しても、「あなたのここが良くない」「あなたはこうするべきだ」と指摘されてばかり。会長さんがじっくり話を聴いてくれたことが、ただただうれしくて、「この人についていけば必ずたすけてもらえる」と確信し、その後、教会につながるようになったそうです。

相手の話をじっくりと聴くこと。これが、悩み苦しんでいる人と関わる際の基本姿勢です。心理学やカウンセリングに関心があって本書を手に取られた方にとっては、「そんなの聞き飽きたよ」「当たり前だ」と思うかもしれません。しかし、何事も基本が大切です。本書を読み進める前に、このことをあらためて心に留めおいていただきたいと思います。

ただし本書は、カウンセリングの専門家になるための手引ではありません。読者の皆さんが普段の生活の中で、少し心がければ実践できるような工夫をご紹介したいと思います。

たとえば、人の話を聴いているとき、ついつい「それはさあ……」と指摘してしまう人は、まずは「うん、うん」と相槌(あいづち)を打つことから心がけてみてください。

きっと、目の前の人の表情が和らいでいくことに気づくと思います。
人間関係を変えるのは、こうした些細（ささい）なことの積み重ねなのです。

第一章

〝おたすけ〟に活かすカウンセリングの知恵

〝腑に落ちる感覚〟を大切に

人間関係では相手に共感することが大切――などと語られることがあります。この「共感する」という表現に、私は違和感があります。なぜなら、共感とは何かに対して「そうだなあ」と〝感じる〟ことであって、意図して〝する〟ことではないと思うからです。

こうしたことを意識すると、いざ人の相談に応じようというときほど、「共感しなければ！」と意気込んでしまうかもしれません。しかし、そんなときほど、心を楽にして穏やかな気持ちで話を聴くことをお勧めします。「この人のことを知りたいな、理解したいな」という素直な気持ちで、話に耳を傾けましょう。

ところで、相手の話を聴いていて、「ん？　よく分からないな（理解できないな）」というときもあるでしょう。それも自然なことです。分かったふりをするのでも、相手を否定するのでもなく、素直に「そのことについて、もう少し教えてほしいのだけれど……」などと尋ねればいいでしょう。

そして、相手の話を「分かった」と思ったときも、早とちりをして決めつけるのではなく、「あなたの言いたいことは、○○ということかな？」などと、こちらの理解や受けとめ方がずれていないか、相手に確かめるような応答を心がけましょう。

そうした応答を丁寧に繰り返していると、「ああ、なるほど、確かにそうだなあ」という〝腑に落ちる感覚〟が、こちらに生じてくることがあります。これが、

「共感」と呼ばれるものの内実でしょう。つまり、共感とは〝相手の理解に努めた結果として生じるもの〟なのです。

このような応答を心がけていると、こちらに「もしかしたら、この人はこんなことを感じているのではないかなあ」というような感覚が生じてくることがあります。そんなときは、それも素直に伝えてみましょう。それが相手の腑に落ちれば、互いに分かり合えた感覚が得られて、信頼関係が深まります。

日常会話では、これほど丁寧に応答する必要はありませんが、〝おたすけ〟として人の相談に応じるときに心がけておきたい姿勢の一つです。

〝たどり着きたい未来〟へ誘う(いざな)う

事情に悩む人は、「どうしてこうなったのか？」という問いが頭から離れずに苦しむことが少なくありません。これが機械の故障であれば、原因を突きとめて修理すればいいのでしょうが、人が関わる事柄は、原因探しが〝犯人探し〟につながることもあり、それが人間関係の軋轢(あつれき)を生んで、かえって状況を悪くすることがあります。

〝おたすけ人〟が、道に迷った人と一緒に「どうして道に迷ったのでしょうね？」とうろうろしていては、その人がたどり着きたい場所へ向かうことはできません。「この人は、どこへ向かいたいのだろう？」「この人は、どうありたいのだろう？」という素直な好奇心をもって、「そのことを知りたい、教えてほしい」という謙虚な姿勢で相手と接することが大切です。

相手の悩みや苦しみに丁寧に耳を傾けた後、穏やかな口調で次のように尋ねてみてはいかがでしょう。

「それは大変でしたね……。その大変な状況の中で、少しでもこうなれば良いのになあと思うことを教えてもらえますか？」「その大変な状況が解決すれば、いまと比べて何がどんなふうに違ってくるでしょうか？」「いまよりも状況が良くなっていると、あなたは誰と、どこで、何をしているでしょうか？」

ここで問われていることは、「どうして、こんなことに？」との思いが頭から離れず、堂々巡りに陥(おちい)っている人にとって、想像もしなかったことでしょう。そうであるからこそ、こうした問いかけが大きな意味を持つのです。多くの人は戸惑いつつも、〝たどり着きたい未来〟について語り始めます。これは、それまでの堂々巡りとは風向きが変わり始めた証拠です。

相手から語られる未来の話には、「なるほど。もう少し詳しく、具体的に教えていただけますか？」などと、新鮮な驚きも交えつつ、一層の好奇心をもって耳を傾けましょう。

〝たどり着きたい未来〟を共に想像し、語り合うことで、「それじゃあ、そのために、これから何ができるかなあ」といった建設的な話もできるようになります。やがてその人は、その未来へ向けて力強く歩んでいくことでしょう。

〝与えられた持ち味〟を活かす

どんな人にも持ち味はあります。一見すると、悪いところのように見えても、その活かし方によっては、その人が生き生きと輝く持ち味になるものです。

私が大学院生だったころの話です。ある日、指導教員の先生に論文を見てもらおうと、研究室を訪ねました。先生は「いま手が離せないから、向かいの部屋で五分待っていてくれ」とおっしゃいました。本来なら、その部屋で待つべきところです。しかし、私は「五分あるなら論文を読もう」と、別の書庫に入ってしまいました。先生はすぐに指定した部屋に来てくださったようですが、私がいないので、ほかの学生たちと一緒に捜し回ってくださいました。その様子を騒がしく感じた私が、「何かありましたか？」と書庫から顔を出すと、先生は私の落ち着きのなさに苦笑いをされました。

最近では、むしろ「落ち着いている」と言われることが多いのですが、自分がせっかちなことは自覚しています。ただ、いまはそれを否定せず、自分の持ち味として活かそうとしているので、人からはそう見えないのでしょう。

人は不思議なもので、自分に備わったものから目を背けたり、それを否定したりすると、かえってそれが大きくなってしまうことがあります。たとえば〝イライラしやすい自分〟を否定すると、ますますイライラしますし、〝クヨクヨする自分〟を嫌（いや）だと思うと、一層落ち込みます。

実は、私が自分のせっかちなところを否定せず、持ち味として活かそうと思えるようになったのは、そんな私を受け入れてくれた人がいたからです。先ほどの話には続きがあります。

私を捜し回ったその先生は、ほかの学生たちに「皆も、時間を惜しんで論文を読む金山君を見習いなさい」とおっしゃったのです。説教されると思っていた私は、素直にうれしい気持ちになりました。

さらに、せっかちであることを「いろいろなことに関心を持ち、新しいことに挑戦する力」と捉(とら)えれば、持ち味を活かすことになり、仕事に欠かせない大きな力となることにも気づきました。

私も先生を見習って、出会う人たちの持ち味を引き出せるような存在でありたいと願っています。とはいえ、どうしても人の悪いところばかりが目に付くこともあります。そんなときは「これも神様から与えられた、この人の持ち味であり、徳分なんだ」と捉えるように心がけています。そうすると、相手に対する見方が変わり、優しい気持ちで接することができるようになるでしょう。

誰もが持つ〝解決のための力〟

困り事を抱えた人の相談に乗るときの目標の一つとして、「その人が自分の力で解決できるようになる」ということが挙げられるのではないでしょうか。

もともと人は、自らの課題を自ら解決する力を持っていますが、困難な状況にいると、そのようには思えないものです。ですから〝人だすけ〟の目標は、その人に〝自分には力がある〟と思えるようになってもらうこと、とも言えるのではないでしょうか。

こんな事例を想像してみてください。学生会の合宿中の出来事です。一人の高校生が、泣きながら世話係を訪ねてきました。友達ができずに、宿舎にいるのがつらいとのこと。それ以上話はできず、泣き続けるだけです。

このとき、この子は友達づくりに失敗したのだ——と捉(とら)えて失敗の原因を探せば、「ここも悪い、あれもできない」と、いくらでも見つかるでしょう。この子は、それだけ〝力がない子〟なのでしょうか。

いいえ、そうではありません。人間関係は〝相互作用〟です。相互作用とは、お互いがお互いに影響を及ぼし合うことです。こちらが「この子には力がない」という前提で関われば、その子は自分がいかに力のない弱い存在であるのかを、こちらに示すようになります。その姿を見て、こちらも「やっぱりこの子は弱い子だ」と確信する——という悪循環が生じるのです。

一方、「この子には力がある」という前提に立てば、どうでしょうか。次のような言葉を届けることができるかもしれません。

「よく話してくれたね。世話係として私が気づけばよかったのに、こうしてあなたから教えに来てくれるなんて……ありがとう。それから正直、驚いているんだ。だって大人の私でも、つらいことを素直につらいって誰かに伝えることは簡単にできないから」

この子には力があふれています。つらい状況をつらいと感じる力、たすけを求めようと判断できる力、そして実際に動くことができる力、自分のつらさを泣くという分かりやすい形で周囲に知らせることができる力、それを言葉にして伝えることもできる力——。

これらすべてを言葉にするわけではありませんが、こうした視点でこの子を見ることで、さらに次のような言葉をかけることができるかもしれません。

「よかったら教えてほしいんだけれど、あなたはそんな素敵な力を一体どうやって身に付けたの？」

　こうした質問に答えるうちに、その子は〝自分には力がある〟ことを思い出します。いつの間にか涙は止まり、笑顔も見せてくれるでしょう。そうなれば、それだけ力があるあなただから――という前提で、合宿での過ごし方を一緒に考えることもできます。

　人は誰でも〝解決のための力〟を持っています。状況が困難であればあるほど、その当事者も、それに関わる〝おたすけ人〟も、つい忘れてしまいがちです。でも、このことはぜひ覚えておいてほしいのです。

“うまくいっているとき”を探す

私たちは、ある問題に直面すると、そのことばかりが気になり、余裕をなくして、常に問題が生じているかのように追い詰められることがあります。そして、その状況をなんとかしようとするあまり、一層余裕を失って、問題点ばかりが目に付く――という悪循環に陥（おちい）ります。

こんな事例を想像してください。あなたは、鼓笛隊の指導者から「隊員のタカシ君は、練習に来ても指示には絶対に従わず、いつも遊んでばかりいます。どうしたものでしょうか」と相談を受けました。

「絶対に」や「いつも」などの極端な表現は、余裕を失っているサインです。私たちは余裕を失うと、うまくいっていないことでも、それまでと同じ対応を繰り返してしまいがちです。その結果、問題状況は続いていくことになります。

うまくいっていないということは、状況が「これまでとは対応を変える必要がある」と教えてくれているわけですから、それに素直に従って、別の対応を試してみることが大切です。

ただし、ゼロから始める必要はありません。予想された問題が起きなかったとき、いつもほどはひどくならずに済んだとき、問題にうまく対応できた場合など、〝うまくいっているとき〟はあります。そうした発想を持てば、先の相談にも次のように応じることができるでしょう。

「それは指導者として大変だね。それでも指導を投げ出さないで、こうして相談に来たということは、まだ対応次第でなんとかなるのではと、希望を持っているからなんじゃないかな。その希望は、どこから来るんだろう。これまでもタカシ君との関わりに、手応えや満足を感じたこともあるのでは。そのときのことを教えてくれる？」

こうした質問に答えるうちに、その指導者は「タカシ君とうまく関われているとき」があることを思い出すでしょう。

その語りに耳を傾けつつ、さらに「そのときは何か工夫したことがあるの？」「ほかにもタカシ君との関係で心がけていることはある？」などと話を続けることで、その指導者の持ち味を引き出しつつ、これからどうすればいいのか、手がかりを見つけることもできるでしょう。

問題状況の中では、解決につながりそうなことが起きていても、そのほとんどは見過ごされがちです。しかし、状況に変化がないわけではありません。小さな変化なので、気づかないだけなのです。

状況が困難であると見なされている場合ほど、〝うまくいっているとき〟を探すように心がけましょう。

状況を〝数字〟で表現する

私たちは困難な状況に陥ると、まるで出口のないトンネルの中にいるように、そうした状況がいつまでも続くかのように感じてしまうときがあります。

たとえば、長期にわたって〝登校渋り〟の状態にある、アカリちゃんという子がいるとします。母親は「昨日は学校へ行ったのに、今日は行きませんでした。明日は学校へ行くのかどうか、心配でしようがないです……」と、わが子が学校へ行くか行かないかで一喜一憂する、不安な毎日を過ごしています。

しかし、登校の有無とは別に、アカリちゃんの毎日は変化に満ちているはずです。気づかないかもしれませんが、毎日の生活の中では、母親が少しでも安心できるような出来事も生じているはずなのです。

そうした変化に気づくための工夫として、状況を〝数字〟で表現してもらうという方法があります。この例で言えば、次のように尋ねます。

「お母さんのお気持ちをきちんと理解したいので、少し変わった聞き方になりますが、よろしいですか？　お気持ちを数字で表していただけると分かりやすいかなと思うのですが……。お母さんが心配で心配でどうしようもないというのを1、まあなんとか安心して過ごせるようになってきたかなというのを10とすると、いまは、いくつくらいでしょうか？」

これに「4くらいでしょうか」との答えが返ってきたとしたら、その「4」という数字の内容に関心を持って、次のような対話を続けます。

「4まで安心できるようになったのは、どんなことからですか？」

「そうですね……。最近、何げない会話を楽しめるようになってきたことからでしょうか……」

「それは何か、きっかけがあったのですか？」

「ええ……以前は、口を開けば学校の話ばかりでしたけれど、そうすると、かえってアカリは塞ぎ込んでしまうので、少なくとも私と一緒にいるときは楽しく過ごせたらいいかなって……。最近は、あの子の好きな音楽の話などをするようにしています」

「そうですか。お母さんのそうした心配りのおかげで、アカリちゃんにとって安心できる楽しい時間が増えているんですね……。ほかに何か思いつくことはありますか？」

このような対話を続けているうちに、母親はアカリちゃんと安心できる時間を過ごせていることを思い出し、また、そこにある自分なりの対処や工夫に気づくことができるでしょう。見逃しがちな変化も、数字にすることで捉（とら）えやすくなります。

数字を取り上げる際には、10のうち6足りないという発想ではなく、何があって4なのかというところに関心を持ってください。また、その数字分の良い変化が見つかったら、この例のように、その〝お手柄〟をその人に返すような対話を心がけましょう。

こうした対話を続けた後に、「4から1だけ増えて5になったときは、アカリちゃんとどんなふうに過ごしていると思いますか？」と、未来の姿を思い描くことで、これから何をすればいいのかというヒントを得ることができます。

ここでは、1だけ増えた未来の姿を描くのがコツです。そうした小さな変化が、〝さざ波〟のように大きな変化へとつながっていくのです。

問題と距離を取る工夫

私たちは困難な状況に陥る(おちい)と、自分のダメなところばかりが気になります。また、状況の困難さを過度に捉え(とら)、不安や恐れ、無力感を抱えて身動きが取れなくなったり、周囲を心配させるような行動を起こしてしまったりすることもあります。

そうした状況にある人を援助する際には、その人が問題と距離を取れるような関わり方を心がけてほしいのです。

逆に望ましくないのは、その人のことを〝問題を起こす人〟(問題=その人)

という見方で関わることです。「この子は問題児だ」という表現は、その最たるものです。当人も「私は悪者」という捉え方で自分を縛りつけて苦しんでいる場合がほとんどですから、周囲の人間がこうした見方で関わることは、その人を一層苦しめ、かえって問題を大きくします。

まずは、その人のことを〝問題に苦しめられている人〟と見てください。そうすれば、「そんな大変な状況の中で、よくここまでやってこられましたね」などと、労い(ねぎらい)の言葉をかけることができます。

次に、その人のことを〝問題に対処してきた人〟と見てください。そうすれば、「ここまでやってこられたのは、あなたが何か工夫したり、心がけたりしてきたからだと思う。そのことについて教えてくれる?」などと尋ねることができます。

相手が語る話には、「へえー、なるほど」「そうなんだ」などと、素直な好奇心をもって丁寧に耳を傾けましょう。

こうした対話を通じて、当人の「私は悪者」という縛りが緩んできたら、さらに問題との距離が取れるように、次のような工夫を試みてください。

その工夫とは、問題に〝ニックネーム〟を付けることです。たとえば、不安や恐れが強く、身動きが取れなくなっている場合には、「あなたがこれだけ頑張っているのに、〝そいつ〟がやって来るせいで身動きが取れなくなっているんだね。一緒にやっつけるから、〝そいつ〟の名前を教えて」などと、ユーモアを交えながら尋ねてみてください。

相手から「〝そいつ〟は……『コワコワ』かな？」なんて答えが返ってきたら、「『コワコワ』って言うんだ！ そいつがあなたの足を引っ張っているんだね。よし、一緒に『コワコワ』をやっつける作戦会議をしよう。次に『コワコワ』があなたの足を引っ張ろうとしたら、どうする?」などと、楽しみ交じりに今後の対処について話し合ってください。

ふざけているように見えるかもしれませんが、こうして問題と距離を取ることで、人は問題に対してうまく対処できるようになるのです。

ストレスの正体を知る

「あの仕事がストレスだ」「ストレスで頭が痛い」など、「ストレス」という言葉は私たちの日常生活にすっかり定着しています。ストレスで悩んでいる人が、それだけ多いということでしょう。そこで、ここではストレスを抱えた人と関わる際に心がけておきたいことをお伝えします。

心理学では、ストレスのことを「ストレッサー」と「ストレス反応」に分けて考えます。

ストレッサーとは、私たちに降りかかってくるさまざまな〝刺激〟であり、ストレス反応とは、刺激を受けることで生じるさまざまな〝反応〟です。先の例で言えば、「仕事」がストレッサーで、「頭が痛い」というのがストレス反応です。

一般には、「ストレス＝悪いもの」という印象があると思いますが、ストレッサーが自分にとって嫌（いや）なことばかりとは限りません。たとえば好きな仕事でも、あまりに多く降りかかってくると、焦ったり、落ち込んだり、不安になったり、体調を崩したりと、ストレス反応を引き起こすことがあります。

私たちは日常的に、さまざまな刺激にさらされて生活しているので、自分にどれほどのストレッサーが降りかかっているのか分からないままでいることがほとんどです。しかし、ひどく気分が落ち込んだり、体調を崩したりするまで、自分が限界を超えた負担を抱えていることに気づかない、という事態は避けたいものです。

そうした事態に陥らないためには、自分のストレッサーに気づくことが大切です。あなたの周りにストレスを抱えていそうな人がいれば、まずは、その人に自分のストレッサーを紙に書き出してもらいましょう。

上司が口うるさい、仕事量が多い、子供が言うことを聞かない、服のサイズがきつい——など、些細なことも含めて思いつくままに書き出してもらいます。

続いて、それを一緒に眺めながら話を聴かせてもらいましょう。気の利いたアドバイスをしようと思う必要はありません。あれこれ口を挟むよりも、「うんうん」「へー、そうなの」などと、相槌を打ちながら丁寧に話を聴き続けることを心がけてください。それだけでも、その人のストレスはずいぶん軽くなるはずです。

こうしてストレッサーを紙に書き出したり、誰かに話したりすることを、心理学では「外在化（外化）」といいます。心理学の研究結果から、こうした作業を行うだけでもストレスが軽くなることが分かっていますので、試してみてください。

思い込みを解きほぐす

人間は、現実に起きたことと自分で考えたことがごちゃ混ぜになって、ストレスを溜め込んでしまう場合があります。

仕事が溜まったり、上司から注意されたりすることは、現実として誰にでも起こり得るのですが、そこで「自分は仕事ができないダメ人間だ」「私は上司から嫌われている」などと思い込むと、不安や落ち込み、あるいは怒りといった不快な気分が大きくなり、時には体調不良に陥ってしまうことさえあります。あなたの周りに、過度な思い込みに縛られてストレスを溜めているような人がいれば、その思い込みを解きほぐすお手伝いをしましょう。

まずは、どのような状況なのか、どのようなやりとりでそう感じたのかを、ゆったりとした雰囲気で確認します。

たとえば、「溜まっている仕事に取り組んでいるとき、上司から『どうだ?』と声をかけられた」ということが語られたとします。

次に、その状況を本人がどのように捉えたのか、頭の中に浮かんだ言葉を紙に書き出してもらいます。その際、「上司は私のことを『全く仕事ができないやつだ』と思っているに違いない」などの言葉が出てくるかもしれません。

ここで、相手のためを思って「気にしすぎだよ」「そんなに深刻に考えないで」などと伝えても、ストレスが溜まって余裕がない人にとって、なかなかそうは思えないものです。

そのような場合は、相手が自分の考え方を見つめ直すきっかけになるような対話を試みてください。

その一つに、〝他人の視点に立ってみる〟というやり方があります。

「あなたにとって大切な人が、同じような考えでいたとしたら、どんな言葉をかけるのか」「あなたが信頼している人なら、どんな言葉をかけてくれるだろう」などと尋ねて、それを紙に書き出し、言葉にしてもらうのです。

こうした作業をきっかけに、「上司は単に仕事の進み具合を知りたかっただけかもしれない」「これまでにも仕事が滞ったことはあったけれど、なんとかやってこられたから今回も大丈夫だろう」といった別の考え方が浮かんできて、ふっとストレスが軽くなることがあります。

〝助けてくれるもの〟を書き出す

大きなストレスを抱えているにもかかわらず、その状況を自分の力だけで解決しようと頑張り続ける人がいます。頑張ることは決して悪いことではありませんし、おかげで成長できるということもあります。その一方で、独力による解決にこだわることが、かえって状況を悪化させてしまうこともあります。

心理学では、自分が困難な状況に陥って(おちい)いることに気づき、必要に応じて他者に援助を求める行動は、人が身に付けるべき重要な能力であると捉え(とら)られています。

しかしながら、一般には「他者に援助を求めるのは弱い人のすること。情けないことだ」という考え方が、まだまだ根強く残っています。心身が不調に陥っても他者に援助を求めない心理の背景には、こうした考え方が影響しています。

また、ストレスを抱えると考え方が極端になるため、困難な状況にあるときほど、「人に頼るなんてことはできない！」と頑(かたく)なになってしまうことがあります。

あなたの周りに、そうした頑なさに苦しんでいる人がいれば、「大変なときは、お互いさまだよ」と優しい言葉をかけてみてください。そして、その人を助けてくれそうな人、過去に助けてくれた人などについて尋ねながら、その名前を紙に書き出す作業をしてみてください。その後で、紙に書き出した人に援助をお願いするための方法を、一緒に考えればいいでしょう。

ただ、他者に援助を求めることが苦手な人にとって、それを実行に移すことは、すぐには難しいかもしれません。そうした場合は、書き出された人の名前を一緒に眺めるだけでも構いません。私たちは、誰かを思い浮かべるだけで心が救われる、気持ちが落ち着く、元気が出るということがあります。

また、ここで書き出す人は、直接の知り合いでなくても構いません。歴史上の人物でも、スポーツ選手でも、芸能人や歌手でも、さらに言えば、人ではなく動物でも、植物でも、マンガやゲームのキャラクターでも、ぬいぐるみでもいいのです。

こうした作業が頑なな姿勢を和らげ、心に余裕を取り戻すきっかけになります。心に余裕があれば、自分がたくさんの人や物から助けられていることに気づくこともできるでしょう。その気づきが、「今度は私が人を助けさせてもらいたい」という思いへとつながっていくと信じます。

第二章

心がけたい
子供との関わり方

子供に〝ほどよく〟期待する

子供は〝未来の宝〟です。子供に期待し、その可能性を信じて、粘り強く丁寧に関わっていく姿勢は、大人として心がけておきたい大切なことです。

ただ、わが子に対する期待は高くなってしまいがちなので注意が必要です。私も、カウンセラーとして出会う子供たちには適度な期待をもって接することができますが、わが子には過度な期待をかけてしまい、必要以上に重荷を背負わせていないだろうかと心配になるときがあります。

そうした自分に気づいたときは、その期待がどこから来ているのか、自らを顧みるようにしています。すると、たいていは次のいずれかが思い当たります。

一つは、「自分はできたから」「自分はそうしてきたから」という思いから来る期待です。特に「だからこそ、いまの自分がある」という思いが強いと、「この子にも、そうあってほしい」「この子もできるはず」という期待が一層高まるようです。

もう一つは、「自分はそうしたかったけれど、できなかったから」「自分はこれができなくて苦労したから」という思いから来る期待です。「子供に自分と同じような苦労はさせたくない。だから、これができるようになってほしい」と願うのは親心ですし、それは自然なことだと思います。しかし、「私の果たせなかった思いを、この子が代わりに……」などと、自分の人生の心残りを子供の人生で補おうとしたり、「そうでなければならない」「ほかの道は許さない」などと、自分の理想を子供に押しつけたりし始めると、子供はつらい思いをすることになります。

親の期待を子供に伝えることは悪いことではないと思いますが、高過ぎる期待は「やれて当たり前」「どうして、できないの?」「やれるはずだろう!」などと、子供を追い詰めてしまうこともあるので気をつけるようにしています。「やれるはず!」よりも、「そんなことができるようになったんだ、うれしいなあ」と成長を喜び、「どうやって、できるようになったの?」と努力に関心を寄せ、「次はどんなことをしようか!」と一緒に未来を楽しめるような、子供に〝ほどよく〟期待する大人でありたいものです。

自らの先入観に目を向ける

〝教師期待効果〟という言葉が生まれた、有名な心理学の実験があります。

ある心理学者が新学期の初めに生徒たちに知能テストを行い、その得点を教師に伝えました。すると、得点が高いとされた生徒の成績が一年間で大きく向上したのです。ところが、教師に伝えられた点数は実際のものではなく、でたらめなものだったのです。にもかかわらず、生徒の成績が向上したのはなぜでしょうか。

その後の教室における教師と生徒との関わりについて観察した研究では、教師から期待されている生徒は、あまり期待されていない生徒よりも、教師から褒(ほ)められたり、ヒントをもらったりする機会が多いことが確認されています。

こうした研究結果から、「この子はできる」という教師の期待に基づく関わり方が生徒の意欲を引き出し、結果として学業成績にも影響を及ぼしたと考えられています。

この研究結果は、人は他者に対して持つ〝先入観〟によって、その人への接し方を変えるという事実を示しています。

ほかの事例を紹介しましょう。ある教師には、苦手な生徒がいました。とはいえ教師は、その生徒の人柄をよく知っているわけではありません。なんとなく苦手なのです。これに対して「よく知りもしないのに先入観を持って接してはダメだろう！」と正論を言っても、状況が変わるとは思えません。

人間関係では先入観を持たないことが大切――などと語られることがあります。

しかし、人間にとって先入観を持つことは、避けられない〝心の癖(くせ)〟のようなものなのです。

良好な人間関係を築くうえで大切なことは、「先入観を持ってはダメだ！」と息巻くことではなく、先入観にとらわれず柔軟に接し方を変えていくことです。そして、これを実践するために、いったんは自らの先入観に目を向け、それを認める必要があります。

この教師も、自分がその生徒に良くない印象を持っていることを、まずは認めました。そのうえで、この生徒の〝良いところ〟を意識して探し、それを伝えるようにしたそうです。すると、その生徒との間で心地よいやりとりが増え、生徒に対する印象も変わっていったといいます。

この教師は、「私は先入観を持ちません！」などと自らを欺(あざむ)くことなく、むしろ先入観を自覚したからこそ、このような行動を起こし、人間関係を変えることができたのです。

この事例は、人間関係を実際に変えるには、自らを欺くことなく、かといって自らを責めるのでもなく、具体的な行動目標を持って、それをコツコツと実行していくことの大切さを教えてくれます。

望ましい行動を具体的に伝える

子供の行動は、たいていその子の性格や人柄によって説明されます。たとえば、あいさつをしない子供を見ると「引っ込み思案な性格」と思ったり、ほかの子の手を払って玩具(おもちゃ)を取ろうとする子供を見ると「短気で乱暴」と考えたりします。

また、子供がこちらの望むことをしなかったり、逆にこちらにとって困ることをやめなかったりすると、「ダメな子だなあ」などと、子供の人格を否定してしまうことがあります。

しかし、これで子供の行動が変わるとは思えません。そこで発想を変えてみましょう。着目すべきは、子供の〝行動そのもの〟です。

ある状況で望ましい行動が見られない場合、「必要な行動をまだ十分に学んでいないか、あるいは不適切な行動を誤って学んでしまっているからだ」と考えるのです。つまり、あいさつをしない子供に対しては、「この子はあいさつに必要な行動を、まだ十分に学んでいないのだ」と考えます。また、ほかの子の手を払って玩具を取ろうとする子供に対しては、「玩具を上手に借りるために必要な行動をまだ学んでいないか、手を払いのけることで玩具を得ることができるという、不適切な行動を誤って学んでしまったのかもしれない」と考えるのです。

まだ学んでいないか、あるいは誤って学んでいるのであれば、機会を設けて望ましい行動を具体的に伝えることが重要です。

たとえば、「きちんとあいさつしなさい」と言ったとしても、子供は具体的にどんなあいさつがきちんとしたあいさつなのかが分からなければ、あいさつのしようがありません。具体的にどんな行動をすればよいのかを伝える必要があります。「相手の顔を見て、笑顔で、大きな声で、こんにちはって言おうね」などと伝えるのがよいでしょう。

「そんな些細なことで本当に変わるのか」と疑問を感じる人もいるかもしれません。しかし、私たちは子供に何かをしてほしいとき、自分が思っている以上に曖昧な言葉を使うことが多いものです。「頑張りなさい」「ちゃんとしなさい」「なんとかしなさい」などの表現に心当たりがありませんか。

一方で、あなたが子育てに悩んでいるとします。そのことを相談した相手から「頑張って、ちゃんとなんとかしなさい」と返されたら、どうでしょうか。「どうしたらいいのだろう……」と、かえって不安になりませんか。大人だってそうなのですから、子供であれば、なおのことでしょう。
まずは、望ましい行動を具体的に伝えるようにしましょう。

すぐに、具体的に、褒める

先に、ある行動を子供に身に付けさせるには、曖昧（あいまい）な言葉を使わずに、望ましい行動を具体的に伝えることが重要だと記しました。あいさつを例に挙げれば、「きちんとあいさつしなさい」と言うよりも、「相手の顔を見て、笑顔で、大きな声で、こんにちはって言おうね」などと伝えるほうがいいということです。

こうした行動を定着させるためには、行動した後がとても大切です。ある行動の後に好ましい結果が伴うと、その行動は繰り返される――。これは心理学で明らかにされている法則です。私たちがあいさつを続けるのは、あいさつが返ってくるからです。

このように、ある行動が日常生活で繰り返されるのは、その行動に好ましい結果が自然に伴っているからですが、子供に、ある行動を新たに身に付けさせたいときには、当初は好ましい結果を意図して与える必要があります。

その際に有効なのは、褒める(ほめる)ことです。留意点は、①その場ですぐに褒めることと、②具体的な行動を褒めることです。

特定の行動を身に付けさせたいのであれば、一日の終わりに「今日はとってもお利口だったね」と伝えるだけでは十分ではありません。

たとえば、あいさつができたら「相手を見て、大きな声であいさつできたね」と、その場ですぐに具体的に褒めることが重要です。

また、新しい行動を身に付けさせたいときは、最初から多くを求めずに、少しずつ積み上げていくことも大切です。

あいさつの例で言えば、たとえ小さな声でも、まずは相手を見て「こんにちは」と言えれば良しとし、そのことを褒めます。そして、その行動が定着してきたら、次にもう少し大きな声で言えることを目指す、という具合です。

一方で、大人として気をつけるべきことがあります。人は他者を〝モデル〟にすることで新たな行動を学びます。心理学では、これを〝モデリング〟と呼んでいます。簡単に説明すると、真似（まね）することです。子供は身近な大人の行動から、たくさんのことを学んでいるのです。

このモデリングが、大人にとって真似してほしい行動にだけ生じればいいのですが、残念ながら真似してほしくない行動であっても生じます。皆さんは、自分とそっくりに振る舞うお子さんを見て、苦笑いをすることはありませんか。

子供に何かを教えようとするなら、まずは自らの立ち居振る舞いを見直すことから始める必要があるでしょう。

〝私の気持ち〟を素直に伝える

子供にある行動を身に付けさせたいときには、その行動が見られた直後に、具体的に褒めることが大切だと先に述べました。

ただし、思春期以降の子供に対しては少し注意が必要です。思春期の子を褒めたら、かえって機嫌が悪くなった――なんてことはありませんか。その理由について、心理学の観点から考えてみましょう。

「すごい」「えらい」などは、よく使う褒め言葉です。これらの言葉に主語をつけると、「あなたはすごい」「あなたはえらい」となります。こうした、隠れた主語が「あなた」になるメッセージのことを、心理学では〝あなたメッセージ（ユー・メッセージ）〟といいます。

　たとえば、ＡさんがＢさんに対して「あなたは○○だ」と伝えたとします。○○に入るのが「ダメ」「バカ」といった否定的な言葉であるのは論外ですが、たとえ「すごい」「えらい」などの肯定的な言葉であっても、両者の関係性によっては快く受け取ってもらえないことがあります。なぜなら、Ｂさんが○○であるかどうかを決めているのはＡさんであり、このメッセージの背景には、ＡさんがＢさんを評価するという上下関係が存在するからです。

　多くの人は、先輩から「あなたは頑張っていてえらいね」と言われれば、素直に喜ぶのではないでしょうか。それは「先輩が上の立場にある」という関係性が、両者の間で共有されているからです。これに対して、後輩から「頑張っていて、えらいですね」と言われたら、どうでしょう。けなされているわけではない、むしろ褒めてくれている。なのに、なぜか違和感がある——と感じる人は少なくないのでは。「ずいぶん〝上から目線〟の後輩だなあ」と、あきれる人もいるでしょう。

こちらにそのつもりがなくても、〝あなたメッセージ〟は、こうした上下関係を相手に感じさせてしまうことがあるので注意が必要です。

これが、難しい年ごろの子が相手なら、どうなるでしょうか。こちらの何げない褒め言葉に〝上から目線〟を感じ取ったり、「偉そうに言うな！」と反発が返ってきたり、うっとうしそうな態度を取ったりすることもあるでしょう。

そこでお勧めなのが〝わたしメッセージ（アイ・メッセージ）〟です。これは〝私の気持ち〟を素直に伝えるものです。

たとえば、「ありがとう」「うれしい」「たすかった」などの言葉は、こちらの気持ちを伝えているだけですから、相手のことを○○だと決めつけているわけでも、評価しているわけでもありません。

ささやかなことでも「ありがとう」「うれしい」「たすかった」と伝え続けていれば、難しい年ごろの子供であっても、やがて笑顔が見られ、相手から感謝の言葉さえ返ってくるようになるのです。

子供のやる気を引き出す三要素

ここでは子供のやる気を引き出すために大切な、三つの要素についてお伝えします。

一つ目は、子供の〝自律性〟を尊重することです。大人側の「子供にこうあってほしい」という思いを優先させるのではなく、「子供自身がどうありたいのか」という点に関心を示しましょう。

大人の期待を子供に伝えることは悪いことではありません。しかし、それが押しつけや無理強（じ）いになると、子供は意欲を削（そ）がれ、本来の力を発揮できなくなります。こちらの思いや考えを伝えつつも「あなたのことを知りたい」「あなたの思いや考えを教えてほしい」という〝対話〟の姿勢を心がけましょう。

子供が自らの行動を選び、実行に移せるように、「私が見守っているから大丈夫だよ」「やってごらん」と勇気づけてください。

二つ目は、子供の〝有能感〟を重視することです。大人はどうしても、子供のできていないことばかりが気になりますが、どの子にも、できていることや頑張っていることがあります。それを見つけて、具体的に伝えましょう。

同時に、「どうやってできるようになったの？」「頑張り続けられる理由は何？」と、子供の中の力のある部分に関心を寄せ、穏やかに尋ねてみましょう。子供からは、いろいろな答えが返ってくると思います。子供の答えには「へー」「なるほどね」と好奇心をもって耳を傾けましょう。こうしたやりとりを続けているうちに、子供は「自分はできる！」という有能感を高めていきます。

　三つ目は、子供との〝関係性〟を大切にすることです。これは、子供の〝自律性〟と〝有能感〟を引き出す関わりにおいても、土台となることです。人は「人から大切にされている」「他者とつながっている」「自分には仲間がいる」という実感があると、「やってみよう！」という意欲が湧(わ)いてきます。子供の味方になるような気持ちで関わるとよいでしょう。

〝偶然〟を人生に生かす

近ごろは受験の機会がどんどんと早まり、高校や中学校にとどまらず、小学校や幼稚園に入るための〝お受験〟も盛んになっています。その背景には、子供の成功や幸せのためには、人生の早い段階から計画を立て、それを着実に実行していかなければという、親の考えがあるのかもしれません。

「子供が幸せになるための道を用意してやりたい」というのは当然の親心であり、その気持ちを否定するつもりはありません。私も子供を育てる親ですから、わが子に「こうなってほしい」という期待を持っていますし、それを口にすることもあります。ただし、それが強くなり過ぎて子供を縛りつけることがないように気をつけてはいます。

心理学には、人生を計画通りに進めないといけないという意識が強過ぎて、それに縛られてしまう人は、かえって幸せになりにくいという考え方があります。これは、アメリカのクランボルツ博士が提唱した〝計画された偶発性理論〟から生まれた考えです。人生には「偶然」の出来事や「たまたま」の出会いがあふれています。この理論では、そのときどきに起こる出来事や出会いを大切にし、それをうまく人生に生かせる人が幸せになりやすいと考えられています。

偶然やたまたまと聞くと、行き当たりばったりのように思うかもしれませんが、そうではありません。この理論では、偶然をただ待つのではなく、いろいろな出来事や出会いを、人生の可能性を広げるチャンスへと変えていけるように、普段からアンテナを張っておくことを強調しているのです。
そのアンテナとして働くのが、次に挙げる五つの姿勢です。
①好奇心。いろいろなことに興味を持って、新しい学びの機会を探し続ける。
②持続性。困難に負けず、努力し続ける。
③柔軟性。状況によって態度や環境を変えられる。
④楽観主義。チャンスはやって来ると信じて、それを達成できると見なす。
⑤冒険心。失敗を恐れずに行動を起こす。
こうした姿勢でいれば、必ず幸せになれるというわけではありませんが、十年、二十年どころか数年先のことも予想できない変化の激しい時代を生きる子供たちにとっては、身に付けておきたい資質です。子供の人生設計も重要ですが、親として、こうした資質の育成にも努めたいですね。

巡り合わせに感謝する

いろいろな出来事や出会いを、人生の可能性を広げるチャンスに変えていけるように、普段からアンテナを張っておくという〝計画された偶発性理論〟を紹介しました。そして、そのアンテナとして働く姿勢について取り上げ、変化の激しい時代を生きる子供たちに身に付けてもらいたい資質についても論じました。

この理論はアメリカのクランボルツ博士が提唱したものですが、日本の心理学者である諸富祥彦(もろとみよしひこ)博士は、「ご縁を大事にする生き方」と表現しています。特に諸富博士は、「祈りと感謝の心を持つ」ことを強調しています。

ある出来事や出会いがもたらされたとき、「私が頑張っているのだから当たり前だ」「幸せになれて当然だ」という傲慢（ごうまん）な心構えでいると、人生はどんどん先細っていきます。逆に、感謝の心を持って「今日もこんな人と出会えてありがたい」「こんな出来事に巡り合えてありがたい」という気持ちで生きていると、すべてがチャンスに思えてくるのです。諸富博士は、幸運は単なる偶然ではなく、自分に与えられたご縁に、感謝の念を持って生きている人にもたらされるもの、と説いています。

これは、私自身の人生を振り返ってみても納得できます。現在の自分のことを十年前、二十年前に予想できていたかというと、そんなことはありません。もちろん人生設計はしていましたし、そのための努力もしてきたつもりです。ただ、何もかも計画通りではなく、本当に不思議な巡り合わせとしか言いようのないことが続いて、いま、ここに至っているというのが正直なところです。

その道中で私を支えてきたものは信仰です。一般には偶然とされるような事柄が生じたときも、信仰のおかげで、その意味を丁寧に考えることができました。特に、つらく悲しい出来事に直面した際には、それを人生の節目と受け取り、祈りと感謝の心を持てたときに、人生が大きく転回し、そこから飛躍するという経験をしてきました。

だからといって、まだ幼い子供に「祈りと感謝の心を持て！」と説教するつもりはありません。親である私自身がそうした姿勢を心がけ、幸せな人生を歩んでいる姿を見せることができたなら、子供もきっと何かを感じ取ってくれるだろうと信じています。

思春期は一歩引いて見守る

ここでは、親が余裕を失いがちな、子供の思春期について取り上げます。知っておけば慌てずに構えていられる面があるので、参考にしてください。

小学校高学年から中学生くらいになると、子供は部屋に閉じこもり、親が話しかけても返事さえしなくなります。時には「うるせー」「黙れ！」なんて暴言を浴びせられることもあります。親からすると、寂しさや戸惑いなどが入り混じり、心配になります。「うちの子は、おかしいんじゃないか」と悩むかもしれません。

でも、それが〝普通〟です。「何なの、その態度は！」などと深追いしないようにしましょう。子供は追い詰められると引くに引けず、反抗を続けざるを得なくなります。こうした反抗期も永遠に続くわけではありません。「自立が始まったんだな」と、一歩引いて見守りましょう。

思春期の子供は、互いの顔色をうかがう特有の仲間関係の中で、強いストレスにさらされています。「学校は戦場」「地雷を踏まないように必死」と表現した子がいるほどです。学校で気が抜けない毎日を過ごしている子供が、家で荒れていても、ある程度は仕方ないと割りきりましょう。

激しい暴力や、限度を超えた暴言が出ていないのであれば、「家庭が息抜きの場になっているんだな」くらいに考えて、どっしりと構えていたほうが、無用な諍(いさか)いを生まずに済みます。

また、思春期の人間関係のこじれは、いじめや不登校につながることもあります。普段から子供を必要以上に追い詰めず、適度な距離で見守る配慮があれば、子供は親を信頼し、いざというときＳＯＳを出しやすくなります。子供がたすけを求めてきたときは、あれこれ言う前に、ゆったりと話を聴いてください。

郵便はがき

差出有効期間
令和7年7月
31日まで

6 3 2 8 7 9 0

日本郵便天理郵便局 私書箱30号
天理教道友社

「人と関わる知恵」
係行

※書ける範囲で結構です。

お名前	（男・女）歳
ご住所（〒 - ）電話	
ご職業	関心のある出版分野は

天理教信者の方は、次の中から該当する立場に○をつけてください。
• 教会長　• 教会長夫人　• 布教所長　• 教会役員
• 教人　• よふぼく　• その他（　　　）

ご購読ありがとうございました。今後の参考にさせていただきますので、下の項目についてご意見・ご感想をお聞かせください。
※なお、匿名で広告等に掲載させていただく場合がございます。

この本の出版を何でお知りになりましたか。

1．『天理時報』『みちのとも』を見て
2．インターネットを見て
3．人にすすめられて
4．書店の店頭で見て（書店名　　　　　　　　　　　　　　　）
5．その他（　　　　　　　　　　　　　　　　　　　　　　　）

本書についてのご感想をお聞かせください。

道友社の出版物について、または今後刊行を希望される出版物について、ご意見がありましたらお書きください。

ご協力ありがとうございました。

一人ひとりを大切に慈しむ

私は大学で、教師を目指す学生に「生徒指導」について教えています。生徒指導というと、「問題を起こした生徒を罰する」というイメージが強いかもしれませんが、本来の目的は、生徒の〝自己指導能力〟を育成することにあります。

自己指導能力とは、この時、この場で、どの行動が正しいか、自分で判断して実行する力です。選択する行動が正しいかどうかは、「自分も他者も大切にできているか」「自分のためにもなり、人々のためにもなるのか」を基準にして判断します。

この自己指導能力を育成するための要点は、次の三つです。これは教師に限らず、青少年育成の指針となりますので、それぞれの立場で参考にしてください。

①子供に自己存在感を与える。

「○○ができるからすごい」「○○であることに意味がある」などと子供の存在価値に条件を付けるのではなく、子供が「私は大切にされている」と実感できるように、その子の存在そのものを慈しむ。

②共感的な人間関係を育成する。

一人ひとりが異なることを知り、その違いを認め合いながら、互いを大切にして、共に居られる関係を育む。

③自己決定の場を与える。

大人があれこれ指図するのではなく、子供がさまざまなことに主体的に取り組めるような場を与える。

なお、子供の選択や決定の結果として、さまざまな不都合や危険が予想される場合、大人は助言をためらう必要はありません。ただし、その場合も、子供と一緒に考えるという〝対話〟の姿勢を大切にします。

この、①自己存在感、②共感的な人間関係、③自己決定――の三つは相互に関係しています。まずは私たち一人ひとりが、目の前にいる子供一人ひとりを大切に慈しむことから始めましょう。

「自分は大切にされている」と実感できる子供は、他者を同じように大切にします。そうした関係が広がっていく中で、「自分も他者も大切にする」「自分のためにもなり、人々のためにもなる」ということを基準にして、自分の行動を決定できる人が育っていくのです。

そうした一人ひとりの心がけが〝陽気ぐらし〟につながっていくと思います。

第三章

心の発達の道筋を知る

〝嫌な気持ち〟の抱え方を学ぶ

心理学では、個人差はあるものの、人の心には多くの人々に共通して見られる発達の道筋があり、各時期の特徴を踏まえた関わりによって、心は健全に育まれていくと考えられています。そこで、ここからは各時期の主な特徴についてお伝えしていきます。それぞれの時期における関わり方の参考にしてください。

乳児期の心の発達課題は、〝信頼性〟を獲得することです。赤ちゃんが泣いたときには「あら～」と優しい声をかけながら、「お腹がすいたのかなあ？」と授乳したり、「お尻が濡れちゃったのかしら」とオムツを替えたりしますね。そして、赤ちゃんがうれしそうな顔をすれば、「は〜い、気持ちよくなったねえ」と一緒にニコニコするでしょう。

このように、赤ちゃんからのサインを敏感に感じ取って応答するという関わりを続けることで、赤ちゃんは「自分は大切な存在なんだ」という〝自己信頼感〟と、「周りの人は自分を守ってくれる存在なんだ」という〝他者信頼感〟を育んでいきます。この時期の経験が人生のすべてを決定するわけではありませんが、信頼関係に基づく養育環境が、健全な心の発達にとって重要であることは間違いありません。

また、乳児期から幼児期にかけては、子供が感じる不安、恐怖、悲しみ、怒りなどといった〝嫌(いや)な気持ち〟も大切にしてください。

「子供と一緒に喜んだり、楽しんだりするのは分かるけれど、嫌な気持ちを大切にするとは、どういう意味だろう?」と疑問に思うかもしれませんね。

私たちは、嫌な気持ちは、あってはいけないものだと思いがちです。でも、不安や恐怖、悲しみや怒りを感じない人生なんてあり得るでしょうか? こうした気持ちは、あって当然なのです。

だからこそ私たちは、嫌な気持ちに振り回されて体調を崩したり、自分や他者を傷つけるような行動を起こしてしまったりすることがないように、嫌な気持ちの抱え方を学んでおく必要があります。乳幼児期は、その基盤をつくる大切な時期なのです。

たとえば、子供が何かに怯(おび)えていると「怖くないでしょ!」と叱咤(しった)激励する人がいます。時には、転んだ子に「痛くない!」と声をかける人も見かけます。しかし、痛みはもちろん、不安、恐怖、悲しみ、怒りなどは身体(からだ)で感じる感覚です。

猛暑の真夏に、「暑くない！」と否定したからといって、身体から暑さの感覚をなくすことはできません。それと同じように、不安、恐怖、悲しみ、怒り、痛みなどを否定しても、それらを感じなくさせることはできないのです。むしろ、そうした身体の感覚を否定する関わりは、子供がそれらの抱え方を学ぶ機会を奪うことになります。

このような場合は、「怖いねえ」「痛いねえ」と、その子が感じているだろう気持ちを言葉にすることが大切です。そして、「一緒にいるから大丈夫だよ」などと優しく触れながら、安心・安全の感覚で包み込むのです。

「怖くない（痛くない）」ではなく、「怖くても（痛くても）大丈夫」という体験を重ねることで、人は怖さや痛みを抱えられるようになります。

〝感情〟を認め〝行動〟を促す

幼児期には、高い所に上ってみたり、押し入れの物をすべて引っ張り出してみたりと、未知の世界に興味を示すようになります。大人から見ると他愛(たわい)もないことでも、その子にとっては大冒険です。こうした体験が「自分でできる！」という心の感覚を育(はぐく)んでいきます。これを心理学では〝自律性の課題〟と呼んでいます。

何かに触れたり何かを始めたりする前には、信頼している大人の顔をちらりと見ることがあります。これは安全を確認しているのです。自分の安全を保障してくれる人が目に入る範囲でなら、冒険できるのが幼児期前期の特徴です。優しく見守りましょう。

これが幼児期後期になると、信頼している大人がそばにいなくても大丈夫になります。養育体験の中で「自分は守られている」という感覚が十分に満たされていれば、その感覚に支えられて物理的に離れられるようになるのです。冒険する世界が広がり、体験も豊富になっていきます。

冒険から帰ってきた子供は、「あのね、○○したよ」などと体験したことを報告してくれます。「へ〜、そうなの、○○したの〜」と関心を示し、「それは楽しかったね」「おもしろかったね」と気持ちを分かち合ってください。そうした関わりによって、心の発達は一層促されていきます。

また、この時期は「これがしたい！」「これはしたくない！」と自分を打ち出す心が強くなります。心理学では幼児期後期を、そうした〝自発性の課題〟に取り組む時期と位置づけています。

一般に、この時期は〝反抗期〟と呼ばれます。どの程度まで自分を打ち出して、どの程度まで自分を抑えるのか。そのバランスを取ることは大人にも求められる力ですが、幼児期は、その基礎を培う時期なのです。そう考えれば、やっかいな反抗期に対して、単なるわがままと捉えるのではなく、発達上の意義を見いだせるのではないでしょうか。

たとえば、こんな状況を想像してください。あなたはヒナちゃんと公園で遊んでいます。あなたが「もう帰るよ」と声をかけると、ヒナちゃんは「嫌だ、まだ遊びたい！」と、ぐずります。そんなとき「嫌だじゃないでしょ！ ほら、早くして！」などと急かすと、かえって激しく駄々をこねることがあります。こうなると仕方がないので、「もう、わがまま言って！　しょうがないわね、あとちょっとだけよ」と妥協してしまうこともあるでしょう。これでは、我慢する力は身に付きません。

すでにお伝えしたように、人生において不快な感情は避けようがありません。だからこそ、人は不快な感情の抱え方を学ぶ必要があるのです。ですから〝感情〟は否定せずに認めましょう。

その一方で、身に付けるべき〝行動〟に関しては、しっかりと取り組ませます。これは、「嫌だじゃないでしょ！　わがまま言って！」と子供の〝感情〟を否定しながら、「しょうがないわね、あとちょっとだけよ」と身に付けるべき〝行動〟に対しては取り組ませない、先の例とは正反対の対応です。

具体的には、まず「嫌だよね、もっと遊んでいたいよね」と、子供の〝感情〟

を認める言葉を伝えます。次に、「約束した時間だから帰るよ。お片付けして」などと理由を伝えながら、望ましい〝行動〟を淡々と促します。そして、玩具（おもちゃ）を片付け始めるなど、それらしい行動が少しでも見られたら、すかさず「そうだね、お片付けが済んだら一緒に帰ろうね」と褒（ほ）めましょう。

　大人からすると根気がいりますが、子供が我慢する力を身に付けるための練習の機会と捉えて、付き合ってください。

〝安心して失敗できる〟環境を

心理学では児童期、すなわち小学生の時期は、「頑張って何かに取り組めば、自分は成長できるんだ！」という経験を重ねながら、〝有能感〟（「自分はやれる」という感覚）を育む時期とされています。これを〝勤勉性の課題〟といいます。

幼児期から児童期にかけて、子供の生活は大きく変化します。自由に遊ぶ時間が長かった保育所や幼稚園とは異なり、小学校では、学校の決まりや教師の指示に従って行動しなければなりませんし、朝から夕方まで授業に集中しなければなりません。

　こうした変化に、すぐに適応できる子もいれば、時間がかかる子もいます。個人差はありますが、それぞれの子供のペースに合わせて〝ほどよく〟頑張らせることができれば、子供はぐんぐん成長していきます。

　しかし、実際には大人の期待が先走り、子供に無理を強いて頑張らせ過ぎたり、逆に先案じから、子供にとって必要なことでも頑張らせないでいたりすることが少なくありません。

　そのいずれにも共通しているのは、大人の側の「子供に失敗させたくない」という思いではないでしょうか。

「失敗するな」と迫られると、子供は緊張して、かえって力を発揮できなくなります。その結果、「どうして失敗するんだ！」と叱責されると、一層緊張が増して、また失敗するという悪循環に陥ります。これが続けば、子供は挑戦を避けるようになり、ついには動けなくなってしまいます。

一方、「失敗させるのはかわいそうだから」と、必要なことにも取り組ませないでいると、子供は自分の力を実感できず、何かに挑戦するという意欲を持てなくなります。また、これでは失敗を乗り越えるためのすべを学ぶこともできません。

人生において失敗は避けられません。だからこそ私たちは、失敗を恐れずに挑戦する態度や、失敗から学んで、成長するための力を身に付ける必要があります。児童期は、その基盤を培う大切な時期です。

そのために大人ができることは、子供が〝安心して失敗できる〟環境を用意することです。失敗とは挑戦の証しです。まずは子供が何かに取り組んだことに注目し、その勇気をたたえましょう。

これは、「結果は問わなくてもよい」という意味ではありません。失敗も成長するための機会と捉(とら)えて、「今回はこういう結果だった。それじゃあ、次はどうすればいいだろう?」と、未来に目を向けて一緒に考えてください。

大人がこのような姿勢で応援していれば、子供はこちらが感動するような成長した姿を見せるようになります。

〝本音の出会い〟を演出する

児童期から青年期にかけては、乳児期や幼児期と比べて仲間と過ごす時間が増えます。心理学では、個人差はあるものの、各時期における仲間関係の特徴が次のように指摘されています。

児童期の仲間関係は〝ギャング・グループ〟と呼ばれます。大人から離れて子供だけの世界を作り、徒党を組んで遊び、自分たちだけのルールを作るなどして結束するのが特徴です。この時期に、仲間と〝秘密基地〟を作った人も多いでしょう。

児童期から青年期への過渡期である思春期（小学校高学年から中学生くらい）には、〝チャム・グループ〟が生まれます。おしゃべりをしながら、互いの共通点を確認し、〝同じであること〟を重視するのが特徴です。食事はもちろん、トイレなどにも仲間と一緒に行きます。仲間から「あれ、面白いよね」と問われれば、「ねー」と返すのが暗黙のルールです。本音では「面白くない」と思っていても、それを口にすればグループ内に居場所がなくなってしまいます。この時期は、仲間外れをつくることでグループ内の結束を強めようとすることもあり、その標的にならないために、本音を隠して仲間から期待される姿を演じるしかないのです。

これが青年期（高校生以上）になると、〝ピア・グループ〟と呼ばれる仲間関係へと移行します。自分の思いや考えを素直に伝え合い、互いが〝異なること〟

を知っても、それを認め合いながら共にいられる関係です。こうした中で、青年は他者と異なる〝私らしさ〟に気づくようになります。これが心理学で〝アイデンティティー〟と呼ばれるものです。

ただし、こうした仲間関係の発達は、必ずしも順調に進むとは限りません。とりわけ、互いの顔色を過度にうかがう関係に留まり、その中で神経をすり減らしている青年は少なくありません。これを防ぐためには、青年たちに安心して互いの本音を語り合える機会を用意する必要があります。

たとえば、天理教学生担当委員会では、心理学に基づく手法を導入し、学生・生徒たちにそうした機会を提供しています。おぢばの諸行事で、青年たちが育成担当者に見守られながら、グループでエクササイズ（作業・課題）に取り組んでいるうちに、自然と本音を語り合い、「いつの間にか互いを認め合う関係を築いていた……」という場面を目の当たりにした方もいることでしょう。

青年層を育てる立場の方には、こうした手法なども活用しながら、青年たちの〝本音の出会い〟を演出してほしいと思います。

〝ななめの関係〟をつくる

青年期に入ると、それまで当たり前のように受け入れてきた親の価値観や世の中の常識に疑問を抱き、自分なりの考えや価値観を模索し始めます。この時期の発達課題は、「私はどんな人間なのか?」「私らしい人生とは?」「何をして生きていくのか?」といった問いに向き合うことで、〝アイデンティティー（私らしさ）〟の確立に取り組むことです。心理学では、〝自我同一性を確立する〟という言い方をすることもあります。

その過程においては、進学先や就職先など、具体的な進路選択に迷うこともあります。親からすると、あれやこれやと口を出したくなりますが、その子ができるだけ自分で考えて、自分で行動する機会を与えることが大切です。

なかには、親にとっての理想の人生を子供に期待したり、親が果たせなかった夢を子供に託したりすることがあるかもしれません。しかし子供の人生は、その子のものです。人生の先輩としての助言や提案は必要でしょうが、それが押しつけにならないように気をつけましょう。

実際には、「親がそうしろと言ったから」「父も兄も○○だから」などの理由から、「私は○○になる」と早々に結論を出す青年もいます。それが間違っているわけではありませんが、青年には「○○として生きることの意味」について、じっくりと考えたり、「自分は○○に向いているのだろうか?」と自問自答したりする時間を大切にしてほしいと思います。そうした経験が、その後の人生において、自らを支える〝私らしさ〟の軸をつくってくれるからです。

親はそのことを信じて、青年期に生じる子供の迷いや揺れに付き合う覚悟が必要です。ただし、そうした葛藤（かっとう）を反抗的態度として子供が表現すると、親だけでは抱えきれないことがあります。

そこでお勧めなのが、親のような縦の関係でもなく、友達のような横の関係でもない、少し先を行く先輩との〝ななめの関係〟をつくることです。縦の関係では意地を張ったり、横の関係では格好をつけたりしてしまうことも、ななめの関係では素直になれることがあります。

天理教内には、学生会や青年会、女子青年など、素敵（すてき）な先輩と出会える機会がたくさんあります。青年たちを、こうした出会いへと導いてあげてください。

親も子供と共に育つ姿勢で

〝アイデンティティー（私らしさ）〟がある程度確立した青年は、いよいよ社会へ船出します。成人初期と位置づけられるこの時期には、社会の荒波にさらされながらも、パートナーを見つけ、協力することで、それを乗り越えていこうとします。成人初期の発達課題は、こうして他者と親密な関係を築くことです。それは、仕事上の仲間であったり、配偶者であったりします。心理学では、これを〝親密性の課題〟といいます。

そうした初期の荒波を乗り越えると、今度は長い航海が始まります。社会へ船出したばかりのころのような戸惑いはなく、安定した毎日が続きます。それは幸せなことですが、ふとしたときに「自分の人生は、このまま過ぎていくのだろうか……」と虚しさを抱くようになります。やがて「何か新しいことを生み出したい」「次の世代へ何かを残したい」という思いが生じてきます。

この時期は、人によっては子供を産み育てる時期に当たり、子育てを通じて、こうした心の課題に取り組むことになるのですが、これは必ずしも子育てに限りません。職場や地域など、さまざまな状況・立場で次世代を育てることは、成人期における共通の課題です。心理学では、これを〝世代性（生殖性）の課題〟と呼んでいます。

ここまで、人の心には個人差はあるものの、多くの人に共通して見られる発達の道筋があり、各時期の特徴を踏まえた関わりによって心が健全に育まれていくとして、子供や青年との関わり方についてお伝えしてきました。皆さんは大人として、また親として、子供や青年を育てる立場から、本書を読み取ってこられたと思います。しかし、成人期の課題が次世代を育てることにあるならば、大人であり、また親である私たちも、子供や青年との関わりを通じて育てられているとも言えるのです。

私自身も、親として、教育者として、子供や青年との関わりに悪戦苦闘しています。それは時に厄介で難しいものですが、人と人は世代を超えて互いの発達・成長を促し合っているのだと捉えれば、こちらも人として成長するための大きな学びの機会を与えてもらっているのだと納得できます。

完璧な親なんていません。親である私たちには、自らが不完全であることを受け入れる勇気が求められているのかもしれません。子供と共に育つ。そうした姿勢で、自分の人生を実りあるものにしていきたいものです。

若者に信頼される大人とは

成人期の発達課題は次世代を育てることである、とお伝えしました。それでは、次世代から「この人が言うのならやってみよう」と思われる大人になるには、どうすればいいでしょうか。

人から何かを言われて「その通りだな。やってみよう」と思えるかどうかは、話の内容はもちろんですが、それを誰から言われるのかにもよります。実際、Aさんに言われると納得して動けるのに、同じことをBさんに言われても納得できないことがあります。そこにあるのは「Aさんは信頼できるが、Bさんは信頼できない」という信頼感の差でしょう。

ここでは、青年層に「信頼できる大人」について回答を求めた調査の結果を示しつつ、各項目について、私が考える具体的な方法をお伝えします。

以下、回答数が多かったものから順に紹介します。

第一位は「話を聴いてくれる」です。これは、何でもかんでも「うんうん」と頷（うなず）いていればいいということではありません。頭ごなしに決めつける態度はもちろんいけませんが、分かった気になっている大人のことも、青年は信頼しません。大切なのは、相手を分かろうとする姿勢です。たとえ理解しがたいことがあったとしても、それを素直に認め、むしろ教えてもらおうとする姿勢が、相手の信頼を得ることにつながります。

第二位は「認めてくれる」です。最近では褒（ほ）めることが強調されがちですが、上から目線で評価するような態度は逆効果です。あなたは「おー、えらいえらい」と言われて良い気分になるでしょうか。お勧めは、「ありがとう」「うれしい」「たすかった」という気持ちを伝えることです。「自分は役に立っている」という、相手の貢献感を向上させるような関わり方を心がけましょう。

第三位は「自分の思いを語ってくれる」です。青年に何かをするように伝えても、「どうしてこれをする必要があるのか」などと反論してくることがあります。厄介でしょうが、ここまでにお伝えした通り、それが青年期です。その場を取り繕うだけの、おざなりな対応では信頼されません。相手に、なぜそれを求めるのかについて、自分の思いを自分の言葉で語ることが大切です。

ただし、大切なのは、話を聴いて分かろうとする→相手を認める→自分の思いを伝える、という関係の築き方です。「私のことを分かろうとしてくれる」「私のことを認めてくれている」という人の言葉であれば、耳を傾けようと思うものです。そこがないのに自分の思いをぶつけられても、それは「押し付け」です。

第四位は「約束を守る（言葉と行動とが一致している）」です。言うこととすることがずれていては、信頼が崩れます。相手に求めるならば、まずは自分から、という気概が必要です。やむを得ず約束を守れなかったという場合もあるでしょう。そのようなときも、それをごまかさずに認める姿勢が大切です。子供相手でも、謝るべきときは、きちんと謝りましょう。

第五位は「笑顔」です。「この人といるとホッとするな」という安心感が、「この人が言うのなら大丈夫だな」という信頼感へとつながります。上位のものが難しいと感じる方は、まずは笑顔から始めてみてはいかがでしょうか。

〝思秋期〟を知る

小学校高学年から中学生くらいまでの時期は〝思春期〟と呼ばれます。この時期には、身体（からだ）が急速に大人らしく変化していきます。一方、心の変化は曖昧（あいまい）で、大人扱いをしてほしいときもあれば、幼い子のように甘えたいときもあり、本人も周囲も、そのギャップに揺れる時期です。しかし、それも一人の人間として心理的に自立していくために欠かせない心の作業なのです。

こうした思春期の葛藤（かっとう）を経て、大人への階段を上り始めた青年は、いよいよ社会へ巣立ち、人生の盛りである夏へと向かいます。二十代、三十代は、仕事に家庭にと忙しくしながらも、心身ともに充実した日々を送ります。この年代は、新しい人間関係を築くことや仕事を覚えることなど、自分の外側へ心のエネルギーを向けるのが特徴です。

これが四十代、五十代になると、若いころに比べて生活は安定し、落ち着いた毎日が続きます。それは幸せなことですが、ふとしたときに「自分の人生は、これで良かったのか。いまとは違う生き方もあったのでは……」と、虚しさを感じるようにもなります。心のエネルギーが自分の内側へ向かうことが増え、自らの人生を顧みざるを得なくなるのです。

このような時期は〝思秋期〟と呼ばれます。思春期と比べると聞き慣れないかもしれませんが、子供が揺れていたり、反抗的であったりしても、思春期という言葉を知っていることで慌てずに構えていられるのと同じように、思秋期という言葉を知っていれば、この時期に生じる自分や他者の変化を、「ああ、これが思秋期というものだな」と受けとめることができます。

思秋期とは、心の揺れに戸惑いながらも、「残りの人生をどのように生きていくのか」と、自分自身を見つめ直す時期と位置づけることができます。こうした心の課題に取り組むことで人は成熟し、人生の深みを増していくのです。また、これは自らの老いと向き合う、人生の冬に備えるための作業とも言えます。

私も思秋期の年代です。心が揺れるときもありますが、親神様（おやがみさま）・教祖（おやさま）のお導きを信じて、大切な人生をゆったりと歩んでいきたいと思います。

先人の生きざまに学ぶ

高齢期になると体が若いころのようには動かなくなり、物忘れも多くなりがちです。仕事やいろいろな立場を引退し、子供は巣立ち、頻繁に会うこともなくなります。さらに、人生のパートナーや大切な仲間との別れも避けられません。

こうした喪失感と向き合いながらも、自分が歩んできた人生に意味を見いだし、自分なりに納得した幕引きを迎えることが高齢期の発達課題です。心理学では、これを〝統合性の課題〟といいます。

これまでの成人期に至る心の発達については、私自身の経験を踏まえて語ることができましたが、高齢期に関しては、それがかないません。なぜなら、私にとって未体験の領域だからです。

ただ、〝統合性〟のような大きな課題は、その時になって何かをしたからといって達成できるようなものではない、ということは予想できます。だからこそ、高齢期に至り、自らの人生を振り返ったときに、納得できるような日々を、いま、この時から歩み始める必要があると考えています。そのためには、日々の歩みを支える指針が必要となります。

そこで、ここでは、私にとっての「人生の指針」について記します。私の家は、六代前の先祖が長男と共に、親子そろって天理教に入信しました。このことから、私は「親子そろって」という姿勢を大切にしてきました。

父とは、些細(ささい)なことから悩み事の相談まで、よく話をしました。父はいつも私の思いに丁寧に耳を傾け、そのうえで自分の思いを伝えてくれました。私は「父が言うのなら大丈夫」と、いつも安心と勇気をもらっていました。父は十年前に亡くなりましたが、その言葉は、いまも私の人生の指針になっています。人生には迷いや不安は付きものですが、「父に守られている」という思いが、いまの私を支えてくれています。

父の五年祭の記念に編んだ追悼文集には、父の人生が記されていました。困難な道中も多々あったようですが、それでも心を倒さずにいられたのは、父に確固たる信仰があったから、つまり〝神様のご守護〟を信じていたからであり、父のあの大きな存在感は、父自身が神様に守られていたからなのだと、感慨深く納得できました。

本書では、人と関わる知恵について論じていますが、多くの先人の生きざまを見たとき、人との関わりから生じる事情の中には、人間の知恵や力では如何（いかん）ともし難（がた）く、神様にお守りいただくしかないことがあると痛感します。これからも先人の生きざまに学びながら、徳積みの日々を歩みたいと、心を新たにしています。

失敗から得た知恵を若者へ

前話で、自分が歩んできた人生に意味を見いだし、自分なりに納得した幕引きを迎えるという高齢期の発達課題について取り上げました。その際、人との関わりから生じる事情の中には、人間の知恵力では如何ともし難く、神様にお守りいただくしかないことがあると記しましたが、これは、人間の知恵や努力を否定するものではありません。神様のご守護はもとよりですが、人間が積み上げてきた研究の成果から学べることもたくさんあります。

そこで、ここでは高齢期の人間関係に示唆を与えてくれる研究を、いくつか紹介します。

　ある研究では、高齢者が自分の生きた証しとして、長年の経験から得た知恵や技術をもって次世代を助けようとする行動は、高齢者自身の幸福感を促し、長寿に影響すると報告されています。しかし時には、高齢者が良かれと思ってしたことが、次世代にとっては余計なお世話となり、若者の拒否的態度を生むことがあります。すると、高齢者も若者を非難するようになり、結果として世代間の隔たりが広がってしまう場合があります。

　高齢者が自らの人生に意味を見いだしながら、心身ともに健康な生活を送るためには、良かれと思って取った行動を、次世代から受け入れてもらう必要があるのです。

　特に心理学の研究結果からは、若者から「感謝された」と感じることが、高齢者の心身の健康にとって重要であることが分かっています。また別の研究では、若者は高齢者から、成功経験よりも失敗経験を基にした知恵を教わったほうが、高齢者に対して感謝しやすいと報告されています。

次世代を育てるために、自らの失敗について語るという行為は勇気のいることであり、時につらいことでもあります。だからこそ高齢者自身が、その意義を感じることができるのでしょう。そこに次世代からの感謝が伴うと、その思いはさらに強くなり、「あの失敗も無駄ではなかった」と、自らの人生に肯定的な意味を見いだすことができるのだと思います。

私も、次世代のために自らの失敗を素直に語ることができる素敵な高齢者を目指したいのですが、いまのままでは心もとないところがあります。まずは、高齢期にある先輩たちの語りに耳を傾け、感謝の気持ちを伝えながら、その知恵に学ぶことから始めたいと思います。

第四章

共に育ち合う集団を目指して

「管理型」集団から脱却する

私は、子供の成長を促す学級集団の育成について研究しています。日本の学校では、あらゆる活動が学級単位で展開されます。そのため学級集団の状態は、子供の発達に大きく影響します。ここで紹介するのは、子供の集団に関する研究の成果ですが、その知見は大人の集団にも通用します。このお話を天理教内の講習会や研修会などでさせていただいた際には、少年会や学生会はもちろん、「教会の人間関係を理解するうえで役に立つ」との声を頂いたこともありますので、それぞれの立場で参考にしてください。

心理学者の河村茂雄博士は、長年にわたる研究成果から、子供の発達が妨げられる集団の特徴について整理しています。その一つは、教師の強い指導によって集団のルールが維持されているものの、教師と子供、子供同士のふれあい（心理学では〝リレーション〟といいます）が不足している「管理型」です。

集団の雰囲気としては、「かたさ」が感じられます。子供は静かに授業を受けていますが、学習意欲は低く、主体的活動はあまり見られません。結果として「できる子」と「できない子」が生まれやすく、「学力が低い」「運動が苦手」など、集団内での地位が低いと見なされてしまう子供は、周りから軽視されるようになります。教師から叱責を受けることが多いのも、これを助長します。そうした風土が、いじめにつながることもあるのです。

また、河村博士の研究成果によると、教師が意識して指導行動を修正しない限り、同じ教師が担任する学級は、同じような集団状態に至ると指摘されています。

教師には、集団に〝ルール〟を定着させ、目標達成や課題遂行を促す指導力が必要です。その一方で、子供の心情に配慮したり、集団を親和的にまとめたりするための援助的関わりも求められます。集団の状態を見極めながら、ルールを定着させるための指導とリレーションを育むための援助を、バランスよく実行していく必要があるのですが、一貫して厳しく指導する教師のもとでは、管理型の集団が生まれやすいとされています。

この理論は、大人の集団でも参考になると思います。集団の風土に、かたさや息苦しさを感じる場合、リーダーの管理が強過ぎるのかもしれません。その場合は、メンバーの活動量を増やしたり、自己表現を促したりして、すべてのメンバーが認められる場面を設けることが大切です。

「なれあい型」集団を立て直す

先に、教師の強い指導によって集団の〝ルール〟は維持されるものの、教師と子供、子供同士の〝リレーション〟（情緒的なふれあい）が不足している「管理型」の集団について取り上げました。

ここでは、教師と子供との垣根（かきね）が低く、管理される息苦しさはないものの、ルールの確立が疎（おろそ）かな「なれあい型」についてお伝えします。

「なれあい型」の集団には、「ゆるみ」が感じられます。一見すると自由で和気あいあいとしていますが、私語が多いなど、勉強に集中していない様子が見られます。また、イベントなどの楽しみは共有するものの、互いに高め合い、切磋琢磨する方向へはなかなか向かいません。そのため学力が定着しないのです。

また、人間関係が不安定で小さなトラブルが生じやすく、その結果、小集団がたくさんできるようになります。常に同じように行動していますが、本当に仲が良くて一緒にいるというよりも、周りの攻撃から自分を守るために固まっているというのが実情です。

こうした小集団の中で起こるいじめは、外からは見えにくいのが特徴です。それは、外からは仲の良い集団に見えているからです。また、自分たちが仲間であることを確認し合うために、共通の敵をつくる傾向があります。それがいじめを生む温床となります。

「なれあい型」では、「学力が高い」「運動が得意」など地位が高いと見なされている子供でも、「いい気になっている」などと、いじめの標的になることがあります。

大人の集団にも「なれあい型」は存在するでしょう。そうした集団を立て直すのに必要なのは、リーダーの「毅然（きぜん）とした態度」です。それは、相手を威圧し、服従させることではありません。リーダーとして指導すべきことや集団として守るべきことについては、ブレずに伝え続ける態度を示すことです。そして、メンバーがルールを守り、集団活動に協力してくれたときには、忘れずに感謝を伝えます。

「親しき仲にも礼儀あり」を心がけつつ、ルールとリレーションのバランスが取れた集団を目指しましょう。

「満足型」集団を目指す

心理学者の河村茂雄博士は、子供による自治的活動によって〝ルール〟が定着し、〝リレーション〟（情緒的なふれあいのある人間関係）が育まれている学級を、「満足型」と呼んでいます。満足型では、子供の学習意欲が高く、学力の定着も良好です。また、仲間づくりや集団活動に対する意欲がとても高く、いじめや不登校が生じにくい学級でもあります。

満足型集団を育成するには、まず集団内にルールを定着させる必要があります。ルールというと、個人の自由を奪うものだと思う人がいるかもしれませんが、むしろ個人の自由を守るためのものです。

私たちは、異なる感じ方、考え方、価値観を持って共に暮らしています。一部の人だけではなく、すべての人の安心・安全を守るためには、共有されたルールが必要です。そうした枠の中で守られてこそ、私たちは自由な生活を謳歌できるのです。よって、集団のメンバーが自由に素直な気持ちを伝え合うことができる関係を築くためには、ルールの定着が前提条件となります。

集団のリーダーは、ルールの定着具合を見ながら、徐々にメンバーに「手綱」を預け、メンバーによる自治的活動を促していきます。その際、①相手の話を聴く、②仲間を認める、③自分の思いを語る——という流れで人間関係を育てていけば、集団のリレーションは徐々に深まっていくでしょう。

リレーションが深まった集団では、外枠としてのルールがなくても、互いを配慮するマナーや心配りが見られるようになります（ルールの内在化）。そうすると、安心・安全の風土が一層広がり、その中で本音と本音の交流が促され、ますますリレーションが深まっていくという好循環が生じます。

こうした集団では、メンバー同士が切磋琢磨（せっさたくま）する相互作用が生じます。互いを認め合い、良いところは取り入れようとするので、一人ひとりの成長が促されます。また、課題が生じたときも、メンバーが支え合うことで、それを乗り越えようとします。

このように、個人としても集団としても成長できるのが満足型集団です。これは子供だけでなく、大人も同様です。満足型集団を目指しましょう。

集団の成長を促す〝対話〟

ここまで、さまざまな集団について論じてきました。互いを認め合い、切磋琢磨する集団では、一人ひとりの成長が促され、課題が生じたときでも支え合うことで、それを乗り越えようとします。

たとえば、天理教の布教活動でよく行われる路傍講演は、学生にとっては高いハードルですが、「学生生徒修養会」では、「班の仲間と一緒ならできる」という思いに支えられて、多くの学生がそれを跳び越えていきます。これは、まさに集団の力によって個人の成長が促された姿と言えます。

互いを認め合う集団を育成するうえで大切なのが、相互理解を深めるための〝対話〟です。先に例として挙げた「学生生徒修養会」を含め、教内の講習会や研修会でも、「談じ合い」や「ねりあい」として、あるいは「振り返り」や「グループワーク」などの名称で、対話の時間が設けられています。集団のリーダーはメンバーと対話し、その思いを受けとめていくとともに、メンバー同士の建設的な対話を促す必要があります。

対話の場では、誰もが安心して発言できるように配慮します。特定の人だけ話し続けるような場合は、「○○さんがおっしゃりたいことは……ということでしょうか」と要約したうえで、「△△さんはいかがですか」などと、ほかの人に発言の機会を与えるようにしましょう。ただし、これは全員が発言しないといけないという意味ではありません。集団の中には「いまは話を聴いていたい」という人もいます。それぞれの参加の仕方を尊重し、「ここでは皆が大切にされている」という雰囲気が広がるよう心がけましょう。

　また、対話というと、活発に話し合っている姿が思い浮かびますが、対話においては沈黙の時間も大切です。なぜなら、人は沈黙の中でこそ、自分自身と深く対話し、自らを顧みて、多くの気づきを得ることがあるからです。

　言葉が見つからないために黙っているようであれば、こちらが相手の思いを察してそれを言葉にしたり、話題を提供したりする必要もあります。しかし、自分が沈黙に耐えられずに話しだしてしまい、結果として相手の自己内対話（自分の思いや考えを自分で振り返ること）を遮ってしまえば、その人が成人するための貴重な機会を奪うことにもなりかねません。対話の場では沈黙の意味を考えることも重要です。

リーダーのあり方いろいろ

ここでは集団を育成するリーダーのあり方について論じます。心理学者の三隅二不二博士は、リーダーシップを、Ｐ（パフォーマンス）機能―集団の目標達成や課題遂行を促す働きと、Ｍ（メンテナンス）機能―集団をまとめる働きから捉え、①ＰＭ型（Ｐ、Ｍともに強い）、②Ｐ型（Ｐが強く、Ｍが弱い）、③Ｍ型（Ｐが弱く、Ｍが強い）、④ｐｍ型（Ｐ、Ｍともに弱い）の四つに分類しました。

心理学者の河村茂雄博士は、この理論に基づいて、教師の指導態度を、①強い指導力と気遣いを併せ持つＰＭ型、②一貫して厳しく指導するＰ型、③穏和でこまやかな気遣いができるＭ型、④放任的なｐｍ型――に整理しました。そして、教育現場における実践研究を通じて、教師が意識して指導行動を修正しない限り、同じ教師が担任する学級は、同じような集団状態に至ることを見いだしました。

これまでに紹介した集団との関係についてまとめると次のようになります。

①ＰＭ型→互いを認め合い、切磋琢磨する「満足型」集団

②Ｐ型→人間関係が希薄で、かたさのある「管理型」集団

③Ｍ型→ルールが疎かで、ゆるみのある「なれあい型」集団

④ｐｍ型→ばらばらな集団

これは、教師に限ったことではありません。リーダー役を担う際には、自分の態度が集団の状態に強く影響することを心得ておきましょう。

もともとの人柄として「言うべきことは言うけれど、親しくなるのに時間がか

かる」という人はいるでしょう。その一方で、「親しい関係をつくるのは得意だけれど、毅然(きぜん)と指導するのは苦手」という人もいます。それぞれの人柄に優劣はありませんが、リーダーとしての役割を果たすためには、集団の状態を捉えて、自分に求められているリーダーシップはP機能なのか、M機能なのかを理解して、それを自覚的に発揮しながら集団を育てていく必要があります。

リーダーと副リーダー、担任と副担任のように、リーダー層の人間が複数いる場合は、それぞれに得手不得手があっても、互いの足りない部分を補い合うことができます。その場合は、役割分担について共通理解を深めるようにしましょう。

風通しの良い集団に

ここまで論じてきたように、集団で何かを成し遂げる経験は、私たちの成長にとって欠かせないものです。しかし、集団としてのまとまりが強調され過ぎると、皆が同じであることを強いる〝同調圧力〟が働くことがあるので注意が必要です。そうした集団においては、一人ひとりの個性が尊重されず、独自の考え方や行動を示す個人が攻撃や排除の対象となり、それがいじめやハラスメントにつながることもあります。

「おさしづ」に、

人を毀（こぼ）ったり悪く言うてはどうもならん。人を毀って、何ぼ道を神が付けても、毀つから道を無いようにするのやで。（明治23年2月6日）

とあります。また、

蔭（かげ）で言う事は十代罪と言う。蔭で言うならその者直（す）ぐに言うてやれ。（明治24年1月29日）

ぼそ〳〵話はろくな事や無いと思え。誰彼（たれかれ）言うやない。そのまゝ直ぐに諭してくれ。こそ〳〵話は罪を拵（こしら）える台とも諭し置こう。（明治26年12月6日）

ともあります。

集団の中には、自分と考えが合わなかったり、こちらが疑問に思うような言動を繰り返したりする人もいます。しかし、それをいじめやハラスメントの理由として認めるわけにはいきません。相手に対して疑問に思うことがあれば、そのことを素直に伝えればいいのであって、その人を除け者にしたり、陰で悪口を言ったりしても、誰も幸せにはなれないでしょう。

私たちが誰かに対してある印象を持つと、その印象に当てはまる言動ばかりが目に付くようになります。そうして「あの人は、やっぱりそういう人だ」と思い込みます。しかし、その人の日々の生活の中では、こちらの思い込みを覆すような姿も見られるはずです。

誰かの言動によって「○○な人だ」と決めつけたくなったときには、「この人なりの、もっともな理由があるのかもしれない」と、少し間を置くようにしてみてください。すると、その人に対する印象が少し変わり、関わり方も徐々に変化していきます。

時間はかかるかもしれませんが、そうした積み重ねが〝陽気ぐらし〟につながると思うのです。多様性を認め合う風通しの良い集団を目指しましょう。

いじめの〝空気〟に抗う勇気

集団には、「ホッとする」「なんだか落ち着かない」「ピーンと張り詰めた」など、独特の〝空気〟があります。心理学者の諸富祥彦博士は、「いじめの正体」はこの〝空気〟であると指摘しています。

たとえば、Aさんが職場で無視されている。最初は「いいのかな?」と思っていても、「あからさまに意地悪をしているわけじゃないし、まあいいか」と流しているうちに、それが日常の風景になり、やがてAさんが、かなりひどい扱いを受けるようになっても、「仕方ないよね」という〝空気〟に支配されて、いじめがエスカレートしていく――というのです。

それでは、この〝空気〟に対抗するには、どうすればよいのでしょうか。諸富博士によると、それは、「何かおかしいんじゃないか？」という〝違和感〟をごまかさないことです。そして、その〝空気〟に抗うために「自分にできる小さなこと」を見つけて、実行に移すこと。これが、いじめに対抗するための原点だといいます。

私がある研究会に参加したときのことです。若手の研究者であるBさんの発表に対して、ベテランのC教授が理不尽な質問を続けていました。Bさんは質問に答えようとするのですが、C教授はその言葉を遮って、自説をぶつけることを繰り返していました。質問のふりをしてBさんを攻撃していることは明らかでしたが、その場には「仕方がない」という〝空気〟が流れていました。誰もが「おかしいんじゃないか?」という〝違和感〟を覚えていたはずですが、司会者を含め、このやりとりを止めようとする人はいません。

私は「ここで止めに入ってC教授に目をつけられたら、私や私の研究室の学生が標的になるかもしれない」と、汗がにじむ掌をじっと見ながら、「でも、目の前に虐げられている人がいるのに、うつむいたままでいいのか……」と自分に問うていました。

「いや、このままではいけない!」と決心した私は、「先ほどからBさんはC先生の質問に答えようとしています。でも、そのたびにC先生がBさんの言葉を遮るので、Bさんは答えることができません。まずはBさんのお話を聴いていただけますか」と発言しました。私を一瞥したC教授は、「そうですか」と呟きながら着席しました。Bさんは、ようやく発表を続けることができました。

後日、うれしいことがありました。その研究会に参加していた学生が、「金山先生は、私たちが授業で教わっている通りの姿を見せてくれた。私も金山先生のようになりたい」と言ってくれたのです。

私がしたことは小さなことです。それでも、こうして小さな勇気がつながっていけば、世の中に広がる〝いじめの空気〟を変えていける――そんな希望を抱かせてくれる出来事でした。

第五章

心豊かに生きるために

感謝の〝P循環〟を起こす

本書では、人と人との間で生じることとは、そこに関わる人々の影響の及ぼし合い、すなわち〝相互作用〟の結果であると説明しました。ここでは、自分がどのような相互作用の中にあるのかを気づくことができる〝P循環・N循環理論〟についてご紹介します。

この理論では、人の心の中にはP要素とN要素があると考えます。Pはポジティブ、Nはネガティブの略です。

「感謝」「安心」「喜び」「ゆるし」などはP要素。「怒り」「恨み」「妬(ねた)み」「恐怖」「不安」などはN要素です。

N要素は、人の中で循環して心と体にダメージを与えます。また、強いN循環の渦中にいると、周囲を巻き込み、近くの人や環境もN要素で満たしてしまいます。不安が怒りを生み、怒りが他者を責める行動につながり、他者を責めることで自分が責められるなど、NはNを呼ぶのです。

N循環に入ってしまうことは誰にでもあるので、まずは自分自身がN循環の中にいると気づくことが大切です。そして、P循環へと早々に移行することが、N循環から抜け出すための道です。

P循環とは、言うまでもなくP要素に満たされた状態のこと。自分がP要素に満たされると、周囲にもそれが広がり、P循環が生まれます。慎みの心が感謝を生み、感謝の気持ちが人だすけにつながり、人をたすけることで自分がたすけられるなど、PはPを呼ぶのです。

これは、著名な臨床心理士である東豊博士が提唱している理論です。東博士は、自分から周囲へP循環を広げていくことを「横型のP循環」と呼んでいます。そして、横型のP循環を生むためには、「縦型のP循環」によって自分自身のP要素を高める必要があり、縦型のP循環とは〝サムシンググレート〟とつながることであると論じています。サムシンググレートとは、生命科学の世界的権威である村上和雄博士の言葉です。サムシング＝何か、グレート＝偉大で、直訳すると「偉大なる何か」という意味です。

これは、天理教信仰者であった村上博士が科学者の立場から、一般社会に向けて親神様のご守護を伝えるために用いられた言葉です。東博士は、この言葉を信仰対象として用いているわけではありませんが、何ごとにつけても「おかげさまで、ありがとう」と感謝することで、「いつでもどこでもＰ循環」を起こすために、臨床心理士の立場から、縦のつながりを意識することの大切さを論じているのです。

Ｎ循環が渦巻く昨今です。私たちも、その渦に巻き込まれてしまいそうになります。しかし、私たちには信仰があります。親神様、教祖、祖霊様に感謝と祈りを捧げ、自らの心をＰ要素で満たしましょう。そして、周囲へＰ循環を広げていくことで、この空気を変えていきましょう。

〝心の風向き〟を変えるため

先に〝P循環・N循環理論〟についてご紹介しました。この理論では、人の心の中にはポジティブ（P）要素とネガティブ（N）要素があり、PはPを、NはNを呼ぶと考えます。

たとえば、慎みの心が感謝を生み、感謝の気持ちが人だすけにつながり、人をたすけることで自分がたすけられるなど、P要素が膨らんでいくのがP循環です。一方、不安が怒りを生み、怒りが他者を責める行動につながり、他者を責めることで自分が責められるなど、N要素が膨らんでいくのがN循環です。

このように説明すると、「N要素をなくそう！」と意気込む人がいるかもしれませんが、それはお勧めしません。なぜなら、N要素にとらわれると、かえってそれが大きくなるからです。

たとえば、私たちは日常生活で、さまざまな心配事を抱えたり、いら立ちを覚えたりすることがありますが、それをなんとかしようともがけばもがくほど、不安や怒りが増してくることがあります。大切なのは、N要素が膨らんでN循環に陥らないことであり、そのためには、逆説的ですが自らのN要素を認め、それを上手に抱えていく姿勢が求められます。

この点に関する理解を深めるためには、その起源である乳幼児期の心の発達についても知る必要があります。たとえば、小さな子が転んで泣いているときには、傍らに寄り添って「痛かったね～。お～、よしよし。大丈夫だよ～」などと優しい言葉をかけますね。日常の何げないやりとりですが、これは心の発達においてとても大切なことです。

「痛い、怖い」などといったN要素が生じたときに、それを「痛くない！ 怖がるな！」と否定されるのではなく、優しく抱えられることで、私たちの中に「私は守られている。大丈夫だ」という安心・安全の感覚が育まれていきます。そうした体験を重ねることで、やがて私たちは、自分の中にN要素が生じても、それを上手に抱え、扱うことができるようになっていくのです。

これは大人も基本的に同じです。人が「自分は守られている」「きっと、うまくいく」という安心感を抱きながら人生を歩むためには、「大丈夫だよ」と優しく抱えてもらう体験が必要です。

ただし、「私の周りには、そんなふうに優しく抱えてくれる人なんていない…

……」という場合もあるかもしれませんね。そんなときは、教会へ行きましょう。自分でつかんでいたN要素を手放し、神様にもたれることで、心の中に安心感が広がっていくことを実感できるでしょう。

そこから喜びや感謝のP要素が膨らみ始め、やがてP循環へと〝心の風向き〟が変わっていくと思います。

自分も相手も大切にする話し方

人間関係がうまくいかない話し方として、次の二つの場合があります。

一つは、自分を出し過ぎる場合です。「こうであるべき」「どっちが正しいのか、はっきりさせたい」などと考えていると、強い口調で攻めるような言い方になります。これでは何も伝わらず、自分も相手も嫌な気持ちのまま、不満を募らせることになります。その結果、イライラが増し、自分の気持ちを一層押し通そうとする悪循環に陥ります。

もう一つは、自分を抑え過ぎる場合です。「こんなことを言ったら嫌われるのでは」「私なんかが発言しても」などと、さまざまな考えが浮かんできて、自分の気持ちを言えなかったり、言葉を濁してしまったりします。

自分を出し過ぎるのはまずいけれど、自分を抑えるのは謙虚でいいだろうと思う人もいるかもしれません。確かに、それが相手の気持ちを慮って「言えるけれど言わない」のであれば、いいのでしょうが、「言いたいのに言えない」というのは、次のような悪循環を生むことがあります。

言いたいことがうまく言えないとストレスが溜まります。溜まったストレスは、はけ口を求めます。その結果、相手のことを陰で悪く言ったり、愚痴をこぼしたりすることにもなるでしょう。それですっきりするのかというと、かえって嫌な気持ちになり、「私って、ダメな人間だな」と自己嫌悪に陥ります。そうして心が塞ぎ込んでくると、「どうせ言っても分かってもらえない」などと周りを恨みつつ、ますます自分を抑え込んでしまうのです。

相手を大切にしないで自分を押し通そうとする話し方は、確かに変えたほうがいいですが、相手を大切にすることは、自分を蔑ろ（ないがしろ）にすることではありません。この悪循環の例のように、自分を大切にしないと、結局は相手を大切にすることもできないのです。ですから、自分も相手も大切にする話し方を身に付けましょう。

たとえば、急ぎの仕事を抱えているとき、職場の懇親会の幹事を頼まれたとします。「こっちが忙しいのは分かっているでしょう！」では、自分を強く出し過ぎです。また、本当はそんな余裕はないのに「……うん、分かった」と引き受けて、陰で相手を恨むようであれば、いずれ不満が爆発して大げんかにもなりかねません。これは自分を無理に抑え込んだ結果です。

このような場合は、次のような、自分も相手も大切にする話し方をしてみましょう。

①「今週中に仕上げないといけない仕事があるから」
②「今回の幹事は別の人にお願いできると助かるな」
③「皆も忙しいと思うけれど、また誰か代わってほしいときがあれば、そのときは私が代わるから」

この例のように、①状況を客観的に説明する、②自分の気持ちを伝える、③相手への配慮を添える——の三点を含めて話すことで、自分も相手も大切にする話し方になります。

新しい環境での心得

ここでは、進学や就職、あるいは転勤など、環境が大きく変わった際に心得ておきたいことについてまとめました。特に大きな変化がない場合も、そうした「新人」を迎える側として参考にしてください。

新しい環境に入ると誰でも不安や緊張を覚えますが、同時に、新生活に対する期待も大きくなります。憧れの学校に入学したり、夢だった仕事に就いたりすれば、「よし、やるぞ」と気分も高まるでしょう。心理学では、これを〝ハネムーン期〟と呼んでいます。意欲があるのは良いことですが、最初から飛ばし過ぎると思わぬ失敗をしてしまうことがあります。ゆっくりお茶を飲むなど、意識してひと息つく時間をつくるようにしましょう。

新人を迎える側は、まずは新しい環境に居場所を用意することを心がけてください。「どこから通っているの？　……あそこなら、おいしいパン屋さんがあるよね」などと、雑談から関係をつくるのもお勧めです。

実際に新生活が始まると、仕事の内容が想像していたものと違うことに失望したり、新しい人間関係に悩んだりと、気分が不安定になる〝落ち込み期〟がやって来ます。この時期に、不安や焦りから衝動的に動くと、かえって状況が悪化し、自分を否定したり、周囲に不満をぶつけたりして、気分が一層落ち込むという悪循環に陥（おち）ります。戸惑うことがあっても「そういう時期なんだ」と受けとめて、その環境で求められていることにコツコツと取り組んでいれば、ほとんどの人は徐々に折り合いをつけられるようになり、新しい環境の良い面も見えてきて、やがて〝回復期〟に至ります。

「前にいたところでは○○だったのに……」と言いたくなるときもあるでしょうが、迎え入れた側として良い気はしませんので、これは禁句です。分からないことは「教えてください」と素直に頼みましょう。

ただ、新人としては「忙しいのに迷惑じゃないかな」という気持ちから言い出しにくいこともあるので、迎える側も配慮して、「お疲れさまです。もう慣れましたか？　分からないことがあれば遠慮なく言ってくださいね」などと、笑顔で声をかけてください。これも素敵（すてき）な〝おたすけ〟です。

家族円満の秘訣

本書では、さまざまな〝人と関わる知恵〟についてお伝えしていますが、自らが実践できていないことも多く、反省しています。

とりわけ家族に対しては、「きっとこうしてくれるだろう」と勝手に期待したり、「みなまで言わなくても分かってほしい」と甘えが出たりして、相手を思いやる気持ちを怠りがちです。時には「どうして分かってくれないの！」とイライラしたり、「何を考えているのか分からない」と悩んだりすることもあります。

このように、イライラしたり悩んだりするのは、「家族なのだから分かるはず」という前提に立っているからでしょう。まずは、その前提を変える必要があります。

家族であっても、一緒にいるだけで何もかも分かり合えるわけではありません。天理教の三原典の一つである「おふでさき」に、

　をやこでもふう〳〵のなかもきよたいも
　みなめへ〳〵に心ちがうで　（五号　8）

とあります。このことが心に治まり、「家族であっても、それぞれの心で思っていることは違うのだから、互いになかなか分かり合えないのは当然だ」という前提に立つと、むしろ心に余裕が生まれて、相手の気持ちを分かったつもりになって決めつけたり、こちらの気持ちを分かってほしいと求めたりする前に、相手のことを思いやり、その声に耳を傾けることができるようになります。

また、家族だからといって、常に一緒にいればいいというわけでもありません。一緒にいる時間が長ければ長いほど、それだけ関わる機会も多くなります。そんな中で、「もっとこうしてほしい！」と相手に求める気持ちが膨らんできて、かえって傷つけ合うようなやりとりが増えてしまうことがあります。大切に思う相手であるからこそ、時には適度に距離を取ることも必要です。

家族には、それぞれ役割があります。お互いの持ち場・立場を尊重し、相手の領分に関しては信頼して任せるという姿勢が求められます。それを自覚して自らの務めを果たすことが、家族としての〝一手一つ〟の姿であり、家族円満の秘訣と言えるのではないでしょうか。

人的環境の一員として動く

「障害者・障害児」という言葉があります。「障害」とは個人に帰属されるもの（個人が「障害」を持っている）と捉えられがちですが、現在の国際的な共通認識では、「障害」とは〝個人と環境との相互作用〟の結果として生じるものと捉えられています。つまり、ある特性を持つ個人が、ある環境で生活しているとき、その生活に相当な制限を受ける状態が継続している場合、その「状況」を指して「障害」と呼んでいるのです。

こうした認識からは、「障害状況」を軽減させるには周囲の環境を変える必要がある、という発想が生まれます。ここで言う環境には、物理的環境だけでなく、人的環境も含まれます。人的環境とは、簡単に言えば人間関係のことです。さらに言うと、物理的環境も、人と人との関わりによって大きく変化します。

たとえば、「似た文字の区別が難しい」という特性から授業に参加することが困難な子供がいるとします。その子が授業に参加できるように、教室の物理的環境（適切な教材・教具）や人的環境（互いを認め合う関係）を整備するためには、その子の特性を理解して支える人が必要です。そのような人がいれば、授業参加が困難であるという「障害状況」は軽減されるでしょう。逆に、その子の特性を理解せず、「怠けている」と捉えて、「何度も言っているだろう！　どうして分からないんだ！」などと叱責する人がいれば、「障害状況」は拡大してしまいます。

これは「問題」の捉え方に関しても同様です。そこに「問題児」がいるのではなく、「問題状況」が生じているのだと理解しましょう。特に、本書のテーマであるカウンセリングや心理学への関心が強い人は、物事の原因を個人の内面によって説明しがちであり、ともすれば他者に変化を強いる恐れがあります。「障害」や「問題」があるとされる状況では、周囲の環境に目を配り、自分も人的環境の一員であると認識して動くことが大切です。その状況を好転させるために自分ができることを考え、少しずつでも実行へと移していきましょう。

〝一人の時間〟を大切に

本書では、さまざまなテーマを取り上げながら、人と関わることの大切さについてお伝えしています。しかしこれは、常に誰かと一緒にいなければならないという意味ではありません。むしろ私は、人とのつながりを維持することに必死になって、心身を消耗させている人が少なくないことを危惧しています。

たとえば、互いの顔色を過度にうかがう思春期の関係については別の記事で取り上げましたが、かつての子供は、学校から帰れば、そうした同調圧力から解放されていました。

しかし、いまの子供はトイレにもお風呂にもスマホを持ち込み、「いつメン」からの連絡にはすぐに反応しなければならないという生活を続けています。いつメンとは「いつも一緒にいるメンバー」という意味ですが、その関係は友情によって維持されているとは限りません。いつメンとの関係に気を使うのは、学校での自分の居場所を失わないためであり、互いの本心にふれるような関わりは求められていないことも少なくありません。

また、「一緒に食事をする仲間もいない惨めなヤツだと思われたくないから、一人では外食できない」という人もいます。実際、一人でいることは「ぼっち」（一人ぼっちのこと）と揶揄されることがあります。周囲から自分がぼっちと思われないために、友人が多いことをわざわざアピールする人もいます。

一方で、「一人で本を読んでいると、親や先生は『皆と一緒に遊んできなさい』と私を叱(しか)ります……。一人が好きな私はダメな人間ですか?」と悩む子供がいます。もしかしたら、いまの子供や若い世代が人とのつながりにとらわれてしまうのは、私たちの社会が一人でいることを否定するようなメッセージを送っているからかもしれません。

社会から分断され、孤立している人には助けが必要ですが、一人でいることが悪いわけではありません。一人でいるからこそ感じられること、気づけることはたくさんあります。私は、そうした〝一人の時間〟を、もっと大切にしてほしいと思っています。一人でいることの意味を、あらためて丁寧に考える必要があるのではないでしょうか。

〝気がかり〟との付き合い方

私たちが人生で最も長く付き合う相手は誰だと思いますか？　それは〝自分〟です。

私たちは、「こんなこと、ずっと考えていてもしょうがないけれど……」と思いつつ、あることが気になって頭から離れなくなるときがあります。また、「何と言えばいいのか分からないけれど、なんだかモヤモヤする」などと、すっきりしない感じを抱くときもあります。私たちが心穏やかに納得のいく人生を歩むためには、そうした自分の内側にある気がかりと上手に付き合っていくことが大切です。

たとえば、あなたが「Aさんに嫌われたかもしれない」と気にしていたとします。ここで「私があんなことを言ったから……。そもそも、あれがいけなかったかな。でも、私としては……」などと、あれこれ考えを巡らせると、気がかりはどんどん大きくなります。

このようなときは、どんな気持ちが心に浮かんできても、「あ〜、そういう気持ちがあるなあ」と、ただそれを眺めるようにします。そうした姿勢のままでいるうちに、やがて自分と気がかりとの間に自然と距離ができてきます。

そうして、ほどよい距離が取れてきたら、あらためて自分の内側に「何が言いたいのかな？」と優しく問いかけて、その気がかりが伝えようとしていることに耳を傾けます。そして何かが浮かんできたら、それがしっくりくるかどうかを確かめてみます。「嫌われたくない……は、ちょっと違うか。私だって頑張っているのに……かな？」などと、よりぴったりする感じが出てくるのを待ちます。

これをしばらく続けていると、「……分かってほしい？　あ〜、そうだ。分かってほしい。うん。私、Aさんに私の考えを分かってほしいんだ」などと、腑に落ちる感じがやって来ます。そうして気持ちが整えば、「今度Aさんに会ったときに、自分の考えを素直に伝えてみよう」と動き出すこともできます。このように、自分の中の〝気がかり〟と上手に付き合うことは、次の一歩を踏み出すことにもつながるのです。

自分の中で〝気がかり〟がまとわりついて離れなかったり、なんだかモヤモヤする感じがあったりするときは、この方法を試してみてください。

人生後半の生き方

四十代から五十代にかけては、自分の体力の衰えや能力の限界を自覚し、十分に働く時間や家族と共に過ごす時間には限りがあることを実感するようになり、残りの人生の過ごし方について考える時間が増えていきます。以前にもお伝えしたように、そうして自分自身を見つめ直すことで人は成熟していきます。

一方で、この年代は「私の人生はこれでよかったのか。いまとは違う生き方もあったのでは……」と心が揺れやすく、うつや不安などの心理的問題が生じたり、家族関係が不安定になったりすることもあります。心理学では、これを〝中年期危機〟と呼んでいます。

それでは、これを転機として残りの人生を実りあるものにするには、どうすればいいのでしょうか。心理学者の諸富祥彦博士によれば、そのために必要なのは人生の問いを転換することです。

人生前半の課題は自立することですから、若いころであれば「私がしたいことは何だろうか」「私にとって必要なものは何だろうか」と問いながら生きるのは自然なことです。ところが、人生の折り返し地点を過ぎても、自分がしたいことばかりに関心を持ち続けていては、いつまでたっても心は満たされず、「もっと私にふさわしい人生があるのではないか」と、不全感を抱えながら生きることになります。

人生後半には、心の向きを「私がこの人生に求めるもの」から「この人生が私に求めるもの」へと転換し、「残りの人生において私がなすべきことは何だろうか」と、人生の使命を問いながら生きることが求められるのです。

「なすべきこと」といっても、大げさに考える必要はありません。諸富博士が言うように、私たちが充実した日々を送ることができていると実感するときには、それが仕事を通してであれ、趣味や家族とのふれ合いを通してであれ、「何かの役に立てている」という感覚を持つと思います。まずは身近な他者に対して、自分ができることはないかと関心を持つことから始めてみてはいかがでしょうか。

〝人だすけの心〟を信じる

自宅の水道修理を頼んだときのことです。修理に来た人の見事な技術に感心した私が「すばらしいですね。そうした技術は学校で習うんですか？」と尋ねると、その人は作業を続けながら「学校もあるけど、自分は現場で仕込んでもらったね」と答えてくれました。続けて「こういう工具は私たち素人（しろうと）でも手に入るんですか？」と尋ねると、「これとこれならホームセンターでも買えるよ」と言いながら、工具についていろいろと教えてくれました。

私はその話を、「へ～」「なるほど～」と頷（うなず）きながら聴いていました。いつの間にか作業の手は止まり、ハンマーを握りながら「こいつとは二十年……」と語り出されましたが、その話も「そうなんですね～」と聴き続けました。

作業が終わると、その人は腕まくりをしながら「ほかにどこか悪い所ない？」と、こちらを見て微笑みました。私が「ここからちょっと水が染みているような……」と答えると、「オッケー」と言いながらササッと作業を済ませ、またすぐに「ほかにどこか悪い所ない？」と尋ねてきました。戸惑いながらも「流しが詰まり気味で……」と伝えると、それもすぐに対処してくれました。

最初の修理代を支払ってから、それ以外の二カ所の代金について尋ねましたが、その人は「いいよ、いいよ。好きでやったことだから。また何かあったら呼んでよ」と笑顔で帰っていきました。

私たちには「人をたすけたい」「人のために働きたい」という〝人だすけの

心〟が、そもそも備わっていると思います。その心を信じて、相手の力が引き出されるように働きかけていくことを、心理学では〝勇気づけ〟と呼んでいます。特に、人は自分の持ち味を認めてもらえると、それを活かして人の役に立ちたいという意欲が湧いてくるようです。そのことを実感した出来事でした。

ただ、正直に言えば、それを信じられなくなるときもあります。普段の生活では、他人に対して「さぼっていないで、ちゃんと働いてよ！」などと、心の中で文句を言うことも少なくありません。そのたびに「あ～これではいかん」と反省するのですが、なかなか気持ちが整いません。

そんなときは、周りから「怠け者」と見られていた人にも、優しく「ご苦労さん」と声をかけ続けられたという、教祖のご逸話を思い出します。そのお心に少しでも近づけるように、「まずは形からでも」と自分に言い聞かせ、「ご苦労さまです」「お世話になります」「ありがとうございます」と言葉にすることから始めています。

あとがき

本書は、『天理時報』に連載された「カウンセリングエッセー　人と関わる知恵」を中心として、「ラジオ・天理教の時間　家族円満」や、その他の機会に執筆した原稿に、一部訂正と書き下ろしを加えてまとめたものです。

『天理時報』連載中には、多くの方々から「参考にしています」「勉強になりました」などと声をかけていただきました。記事を切り抜いて保存してくださっている方もいました。また、教内の各種講座・研修会の講師としてお声がけを頂くことも度々ありました。皆さまの心理学やカウンセリングに対する関心の高さから、この分野の重要性をあらためて強く感じています。

そこで、このたび、公認心理師や臨床心理士などの心理学・カウンセリングの専門資格を持つ教友と共に、「心理支援ネットワークてんり」（通称：心理ネットてんり）という組織を立ち上げました。これは、心理学・カウンセリングを学んだ教会長、布教師として、あるいは保健医療、福祉、教育、司法、産業等の現場で心理職として働く教友たちが、天理教の信仰者ならではの心理支援について学び合うためのネットワークです。まだ動き出したばかりですが、いずれは、それぞれの土地所で、その徳分を活かしたおたすけに励むことができる人材の育成を目指しています。

お道の中で、この分野の人材が育ってきた背景の一つに、天理大学の成果があります。私もそこで育ててもらいました。そして、いま私は、天理大学で後進を指導しています。心理学やカウンセリングを学べる大学はたくさんありますが、これを徳分として、おたすけやひのきしんに励む人材の育成に携われるのは天理大学だけです。

これから私がなすべきことは、次代を担う「道の心理臨床家」（天理教信仰者で心理支援に携わる者のこと）を育てることだと思っています。その一環として、天理大学で心理学を学ぶ大学生や大学院生に対して、「心理ネットてんり」のメンバーと交流したり、教内の支援活動に学生スタッフとして参加したりする機会を提供しています。学生にとっては、良い刺激になっているようです。

また、次世代の育成という点では、この分野に関心を持つ中学生や高校生が増えることを期待しています。本書の内容は、中高生でも理解できると思いますので、そうした若者にも本書を手に取ってもらえたらうれしいです。

中高生の皆さん、私たちと一緒に心理学を学びませんか。志ある若者と、おぢばの学校で学び合う日を楽しみにしています。

最後になりましたが、連載時から本書の刊行までお世話になりました天理教道友社の皆さまに厚く御礼申し上げます。

また、いつもお世話になっている天理教淀（よど）分教会の皆さま、そして家族にも心から感謝します。本書を含め私の業績は、同業者である妻との共作と言えるものばかりです。本当にありがとうございます。これからも、どうぞよろしくお願いします。

参考文献

赤坂真二〈2019〉『アドラー心理学で変わる学級経営：勇気づけのクラスづくり』明治図書出版

De Jong, P. & Berg, I. K.〈2013〉『Interviewing for solutions, 4th ed.』California: Brooks/Cole.
（桐田弘江・住谷祐子・玉真慎子訳〈2016〉『解決のための面接技法・第4版：ソリューション・フォーカストアプローチの手引き』金剛出版）

東豊〈2013〉『リフレーミングの秘訣：東ゼミで学ぶ家族面接のエッセンス』日本評論社

堀尾治代〈2020〉『こころを聴く：寄り添うカウンセリング』天理教道友社

池見陽〈1995〉『心のメッセージを聴く：実感が語る心理学』講談社

石田淳〈2008〉『おかあさん☆おとうさんのための行動科学』フォレスト出版

伊藤絵美〈2016〉『イラスト版・子どものストレスマネジメント：自分で自分を上手に助ける45の練習』合同出版

鎌原雅彦・竹綱誠一郎〈2019〉『やさしい教育心理学・第5版』有斐閣
鹿嶋真弓〈2015〉「規律づくりは教師とつながる信頼関係づくりから」『月刊学校教育相談』（ほんの森出版）第29巻第5号24‐27
河合伊六〈1987〉『子どもを伸ばす行動マネジメント：新しい子育ての提言』北大路書房
河村茂雄〈2007〉『データが語る①学校の課題：学力向上・学級の荒れ・いじめを徹底検証』図書文化社
河村茂雄〈2010〉『授業づくりのゼロ段階：Q‐U式授業づくり入門』図書文化社
黒沢幸子編著〈2012〉『ワークシートでブリーフセラピー：学校ですぐ使える解決志向&外在化の発想と技法』ほんの森出版
黒沢幸子〈2015〉『やさしい思春期臨床：子と親を活かすレッスン』金剛出版
三隅二不二〈1984〉『リーダーシップ行動の科学』有斐閣
水野治久〈2012〉「学校を替わったときのメンタルヘルス：新しい環境とどう折り合うか」『月刊学校教育相談』（ほんの森出版）第26巻第4号26‐32

文部科学省〈2010〉『生徒指導提要』教育図書
諸富祥彦〈2007〉『「7つの力」を育てるキャリア教育：小学校から中学・高校まで』図書文化社
諸富祥彦〈2017〉『「本当の大人」になるための心理学：心理療法家が説く心の成熟』集英社
諸富祥彦〈2020〉『いい教師の条件：いい先生、ダメな先生はここが違う』SBクリエイティブ
諸富祥彦〈2022〉『いじめの「空気」は変えられる！：教室の小さな変化の起こし方』図書文化社
大河原美以〈2007〉『子どもたちの感情を育てる教師のかかわり：見えない「いじめ」とある教室の物語』明治図書出版
小野寺敦子〈2009〉『手にとるように発達心理学がわかる本』かんき出版
坂本昇一〈1987〉「学校教育と学校精神衛生」『こころの健康』2巻2号8-11

下山晴彦・佐藤隆夫・本郷一夫監修・小野瀬雅人編著〈2021〉『教育・学校心理学』ミネルヴァ書房
曽山和彦〈2014〉『教室でできる特別支援教育　子どもに学んだ「王道」ステップ　ワン・ツー・スリー』文溪堂
田渕恵〈2018〉「「老い」と次世代を支える心」『心理学ワールド』（日本心理学会編）82号17 - 20
竹田伸也〈2014〉『対人援助職に効くストレスマネジメント：ちょっとしたコツでココロを軽くする10のヒント』中央法規出版
若島孔文〈2011〉『ブリーフセラピー講義：太陽の法則が照らすクライアントの「輝く側面」』金剛出版
渡辺弥生監修・藤枝静暁・藤原健志編著〈2021〉『対人援助職のための発達心理学』北樹出版

金山 元春（かなやま もとはる）
天理大学教授、天理教淀分教会淀高知布教所長。
1976年、京都市生まれ。天理大学人間学部人間関係学科臨床心理専攻卒業、宮崎大学大学院教育学研究科修士課程修了、広島大学大学院教育学研究科博士課程後期修了。博士（心理学）。高知大学講師、准教授等を経て、2019年から現職。
ガイダンスカウンセラー、上級教育カウンセラー、子育て支援教育カウンセラー、学校心理士、臨床心理士、公認心理師。日本行動療法学会学会賞（内山記念賞）、日本カウンセリング学会奨励賞。日本教育カウンセラー協会評議員、日本教育カウンセリング学会地方理事、日本心理臨床学会学会誌編集委員、日本教育心理学会常任編集委員、日本カウンセリング学会常任編集委員等を歴任。道の心理臨床家の集い幹事会代表、心理支援ネットワークてんり副代表。

カウンセリングエッセー 人と関わる知恵

2023年8月1日 初版第1刷発行

著 者 金山元春

発行所 天理教道友社
〒632-8686 奈良県天理市三島町1番地1
電話 0743(62)5388
振替 00900-7-10367

印刷所 大日本印刷㈱

ISBN978-4-8073 0660-2
定価はカバーに表示